CET OUVRAGE SE TROUVE :

A *Soissons*, chez l'Auteur, au grand Séminaire.
A *St-Quentin*, chez Madame DACHEUX, Libraire.

Et chez les principaux Libraires du département.

NOTICE

SUR

M. DE LA LOGE,

VICAIRE GÉNÉRAL,

GRAND ARCHIDIACRE ET GRAND PÉNITENCIER

DU DIOCÈSE DE SOISSONS.

PAR M. L'ABBÉ LEREDDE,

PROFESSEUR DE THÉOLOGIE MORALE.

SOISSONS,

IMPRIMERIE DE EM. FOSSÉ DARCOSSE,

IMPRIMEUR DE L'ÉVÊCHÉ,

RUE DES RATS, 10.

———

1838.

AVIS

DE L'AUTEUR.

C'est lorsque le cœur brisé et l'âme profondément triste, nous versions des larmes sur la perte douloureuse que venait de faire le diocèse de Soissons, que nous avons conçu la première idée de cette *Notice*.

Elle s'est présentée à nous et nous l'avons saisie comme une pensée de douce consolation. Nous ne songions d'abord qu'à recueillir pour notre édification personnelle et celle de quelques-uns de nos amis, les souvenirs précieux qui se rattachent à **M.** l'abbé de la Loge. Bientôt nous avons senti la nécessité de donner plus d'étendue à notre travail et de le publier, pour satisfaire aux justes désirs que nous ont manifestés plusieurs personnes recommandables, à l'autorité desquelles nous ne saurions rien refuser.

La vérité, ne fût-elle pas la première qualité de l'histoire, devait présider à la rédaction de mémoires destinés à perpétuer le souvenir d'un prêtre vénérable par ses talents, ses travaux et ses vertus, et dont le caractère fut toujours empreint de tant de candeur et de simplicité. Aussi n'avons-nous négligé aucun des moyens qui étaient à notre disposition pour réunir sur la vie entière de M. l'abbé de la Loge des détails aussi exacts qu'ils sont édifiants. Nous nous sommes rappelé ce qu'il avait bien voulu nous apprendre dans des conversations intimes, sur les différents événements qui ont partagé le cours de sa longue carrière. Nous avons consulté tous ses titres, papiers et autres écrits que nous avons eus entre les mains. Nous avons obtenu de

M. de St.-B., son frère, des renseignements précieux. Nous avons écrit à Paris, à Montauban et à Toulouse à des personnes qui avaient été en état de connaître et d'apprécier différentes circonstances de sa vie. Nous nous sommes transporté à Charly, où M. l'abbé de la Loge a vécu pendant environ douze ans, et à Crouttes sur Marne où il exerça près de cinq ans les fonctions pastorales. Nous y avons successivement entendu et écrit les dépositions de plus de vingt témoins qui avaient vu de leurs yeux les faits qu'ils nous racontaient. Plusieurs d'entre eux pleuraient en notre présence, en songeant qu'ils ne reverraient plus celui dont ils aimaient à nous redire les vertus.

Nous avons exclu de cette *Notice*, plusieurs faits très-honorables sans doute pour M. l'abbé de la Loge, mais dont l'authenticité ne nous a pas paru à l'épreuve d'une critique sévère. Quant à ceux qu'elle renferme, il n'en est aucun dont nous n'ayons été témoin ou que nous n'ayons puisé à l'une des sources que nous venons d'indiquer. Nous aurions pu être beaucoup plus court, mais il eût fallu pour cela supprimer une multitude de détails qui nous ont paru précieux à conserver. Si nous intéressons moins l'esprit de ceux qui nous liront, nous édifierons davantage leur cœur; et c'est ce dernier but que nous nous sommes surtout proposé d'atteindre. Puissions-nous y avoir réussi !

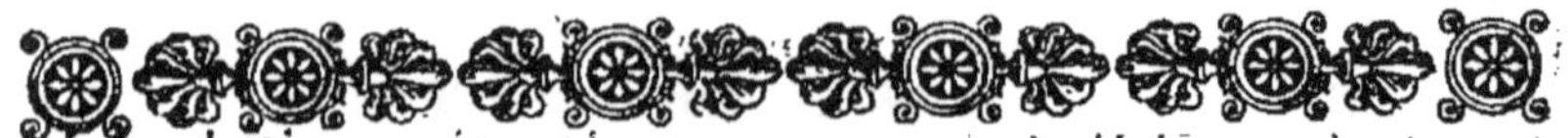

NOTICE

SUR

M. DE LA LOGE.

Charles-Jean Henry de la Loge naquit à Mont-auban, le 29 novembre 1752. Sa famille était dis-tinguée par une noblesse pleine d'honneur et de probité et par un attachement inviolable à la foi de l'Église, dans un pays où le protestantisme avait jeté des racines profondes. Il suça, avec le lait, la piété dont sa mère fut toujours un beau modèle. Son père voulut jeter lui-même dans son jeune cœur les premières semences des vertus, dont la pratique lui était familière, et, dans son esprit, les premiers principes des connaissances qu'il avait acquises par de brillantes études. Il le fit élever sous ses yeux jusqu'à l'âge de douze ans, et ne négligea rien pour cultiver les heureuses dis-positions qu'il remarquait en lui.

Le jeune Charles se distingua en effet dans son enfance par une aptitude singulière à tout appren-dre; sa mémoire, si facile, ne nuisait cependant en rien à la solidité de son esprit. Il avait à peine onze ans lorsqu'il fut conduit dans un monastère de chartreux, près de Toulouse. En en visitant les différentes parties, il lut sur une cheminée l'inscription suivante :

Fumus honos, et fumus opes, fumusque voluptas;
Et speciem fumi, quidquid amamus, habet. (*)

Elle lui parut exprimer, avec une énergie remarquable, la vanité de ce que les hommes aiment et estiment le plus sur la terre. Il n'oublia jamais, depuis, la vive impression qu'elle produisit sur son esprit, dans un âge si tendre, et, dans la suite, il voulut enchérir encore sur la beauté du dernier vers, qu'il remplaça par celui-ci :

Fumus ego! heu fumi quantus inanis amor! (**)

Vers l'an 1764, le jeune de la Loge fut placé au collége de Juilly, par son père qui venait d'acheter, dans le voisinage, la terre de Charly, l'une des plus belles et des plus riches qui soient sur les bords de la Marne. La congrégation de L'Oratoire faisait fleurir les sciences et les lettres dans cet

(*) L'honneur n'est que fumée, les richesses ne sont que fumée, le plaisir n'est que fumée, et tout ce que nous aimons ici-bas n'est que fumée.

(**) Je ne suis que fumée moi-même! Combien vainement, hélas! n'aimé-je pas cette fumée!...

établissement, qui servit de berceau à tant de personnages célèbres, dont la France a été illustrée depuis près d'un siècle. Sous des maîtres aussi habiles que ceux qui le dirigeaient, le jeune de la Loge ne tarda pas à se faire remarquer par une conduite régulière, une piété exemplaire et des succès éclatants. Il mérita bientôt l'honneur d'être reçu parmi les membres d'une académie littéraire établie dans le collége de Juilly, et qui n'était ouverte qu'à ceux des élèves qui se distinguaient de leurs condisciples par des talents supérieurs, et une vertu peu commune. Il fit sa rhétorique sous le célèbre Père Viel qui, ayant découvert dans son nouvel élève, des dispositions rares pour la poésie latine, prit un soin particulier de les cultiver. Il les mit même à contribution pour une traduction en vers latins du *Télémaque*, qu'il méditait alors et qu'il a publiée depuis; et, malgré sa modestie, M. de la Loge a dit plusieurs fois qu'il avait retrouvé dans le *Telemachiada* les vers qu'il avait composés lui-même, en traduisant les plus beaux passages du poëme de Fénélon. Un prix de discours latin, qu'il obtint la même année, montra que ce jeune rhétoricien n'avait guère moins de dispositions pour l'éloquence que pour la poésie.

Le jeune de la Loge ayant achevé de bonne heure son cours de philosophie, s'occupa sérieuse-

ment du choix d'un état de vie. Il avait tous les talents et les qualités les plus propres à le faire bril-
ler dans le monde, s'il eût voulu s'y engager. La
solidité de son esprit, la sagesse de sa conduite,
la variété de ses connaissances, jointes à la fortune
et au crédit de sa famille, l'auraient infailliblement
conduit aux premières places, dans quelque carrière qu'il eût voulu entrer. L'attrait de la grâce
et les conseils de personnes sages, l'attirèrent
vers l'état ecclésiastique. Du moment qu'il eut
pris la résolution de l'embrasser, il se rendit à Paris et s'y livra tout entier à l'étude des sciences si
variées et si profondes que Dieu exige de ceux
qu'il appelle au sacerdoce.

Après avoir vécu avec édification pendant plusieurs années dans le séminaire de Saint-Magloire,
le jeune de la Loge entra, pour se préparer à sa
licence au célèbre collège de Navarre. Il s'y trouva réuni avec un grand nombre d'étudiants des
premières familles de la cour et de la magistrature,
qu'il s'efforça de surpasser par son application à
l'étude, et par le fidèle accomplissement de tous
les devoirs de son état. Il se fit estimer et admirer
de ceux qui naturellement devaient être ses rivaux.
Loin d'être jaloux de sa supériorité sur eux, ni
des éloges que leur grand maître donnait à son
application et à sa conduite en leur présence; les

bacheliers de Navarre voulurent eux-mêmes lui donner une marque de leur confiance et de leur amitié, en le choisissant pour le procureur et l'économe de leur communauté. Un jeune homme doué d'aussi heureuses dispositions et aussi passionné pour le travail, ne pouvait manquer de soutenir avec éclat les thèses publiques que la faculté de théologie exigeait des aspirants au doctorat. Aussi mérita-t-il, dans ces circonstances, des éloges et des applaudissements unanimes de la part des docteurs de Sorbonne.

Pendant les sept ans qu'il consacra aux études profondes qui lui méritèrent le bonnet de docteur, M. de la Loge ne négligea pas la préparation que les saints ordres demandent de ceux qui veulent les recevoir dignement. Il avait reçu la tonsure à Paris le 29 décembre 1770; il y reçut encore les quatre moindres le cinq juin 1773; mais c'est par M. de Bourdeilles, évêque de Soissons, qu'il fut ordonné sous-diacre le 25 septembre 1774, diacre le 23 septembre 1776 et prêtre dans l'église de l'abbaye de Saint-Jean des Vignes de Soissons, le 20 septembre 1777.

Quoique M. l'abbé de la Loge appartînt par sa naissance au diocèse de Montauban, et que ce fût seulement en vertu d'un démissoire de l'évêque de cette ville qu'il eût reçu les ordres, tant à Paris qu'à Soissons, M. de Bourdeilles qui avait su distinguer son mérite et apprécier ses brillantes qualités, voulut se l'attacher et lui offrit un bénéfice considérable ; mais la divine Providence, qui destinait ce jeune et vertueux prêtre à rendre dans la suite au diocèse de Soissons des services si précieux, ne voulut pas qu'il acceptât alors les offres qui lui furent faites. M. de Breteuil, évêque de Montauban, qui connaissait sa famille et avait entendu parler de l'éclat avec lequel il avait terminé ses humanités et ses études théologiques, ne l'avait pas perdu de vue. A peine le sut-il ordonné prêtre, qu'il se hâta de lui envoyer des lettres de grand vicaire, et de l'appeler dans son palais.

M. l'abbé de la Loge se rendit à Montauban, encore tout plein du zèle et de la charité sacerdotale que l'ordination avait allumés dans son cœur. Rien de plus parfait que les dispositions, rien de plus ecclésiastique que les vues avec lesquelles il commença, dans un âge si peu avancé, l'exercice des fonctions augustes qui venaient de lui être confiées. Sa vie fit tout d'abord l'édification de ceux qui en furent témoins. Son évêque devint bientôt son ami le plus intime, il en reçut les marques les moins équivoques d'une confiance et d'un attachement qui ne pouvaient être portés plus loin. Il fut chargé de toute sa correspondance par-

ticulière, et le seconda puissamment pendant plus
de dix ans, dans tout ce qu'en habile administra-
teur, il entreprit pour le bien de son diocèse. Malheureusement M. de Breteuil, qui a fait depuis une
mort de confesseur et de martyr, ne menait pas
alors une vie aussi épiscopale qu'elle aurait dû
l'être. Il avait à sa disposition un immense revenu :
son palais, sa table, ses équipages étaient, par
leur luxe, leur somptuosité et leur magnificence,
bien plus dignes d'un prince de la terre que d'un
prince de l'église ; chaque jour il réunissait la plus
haute société de la ville et du voisinage de Montauban, dans ses salons dont il voulait que son
nouveau grand vicaire fit tous les honneurs. La
tentation était délicate pour un jeune homme.
M. l'abbé de la Loge était doué d'une figure noble,
d'une taille avantageuse, d'un esprit brillant et
orné de connaissances variées ; le bon ton et l'ai-
sance de ses manières n'étaient que l'expression
des qualités du cœur les plus aimables. Aussi ne
manqua-t-il pas de faire les délices de la société
de Montauban. Il y obtint dans ce genre des succès qu'il a bien déplorés dans la suite, mais qui
eussent été capables de séduire et de perdre tout
autre qui n'aurait pas eu la fermeté de son caractère, la gravité de mœurs, et, avant tout, la vivacité de foi qui furent alors son unique sauve-garde

contre tant de dangers. Il ne laissa cependant pas que d'abandonner plusieurs pratiques de sa première ferveur. Il perdit l'heureuse et salutaire habitude de monter chaque jour au saint autel, et d'y célébrer les saints mystères; et c'est là, nous pouvons l'assurer, la plus grande de ces fautes que son humilité lui a fait publier tant de fois depuis, et qui furent le principe de cette pénitence admirable que nous lui verrons bientôt commencer, et continuer jusqu'à la fin de sa longue vie. Du reste, il sentait vivement le vide de ces perpétuelles distractions. On peut dire que Dieu lui fit la grâce de ne pouvoir s'accoutumer, pendant tout le temps qu'elle dura, à la dissipation de la vie qu'on l'avait forcé de mener. Lorsque le soir, seul avec lui-même, il se demandait compte de l'emploi de ses journées : *Que fais-tu ?* se disait-il, *est-ce pour de pareilles occupations que tu es prêtre ?* Pour se délasser et faire une diversion heureuse, avec le dégoût et l'ennui qui le dévoraient pendant ces longues heures qu'il ne pouvait refuser aux bienséances du monde, il consacra tous les moments de liberté qui lui restaient à la culture des lettres. Il s'abandonna sans réserve à son goût pour la bonne littérature. Il lut, commenta, apprit de mémoire, seul ou avec d'autres savants qu'il avait admis dans son intimité, les grands maîtres de l'antiquité. Il citait quelquefois de lui un trait qu'il se reprochait comme un trait de jeune homme, mais qui n'en montre pas moins l'étonnante facilité de son esprit. Le voisinage des Pyrénées le mettait souvent en rapport avec de hauts et puissants personnages de l'Espagne qui venaient passer une partie de l'année dans le diocèse de Montauban ; il lui vint un jour l'idée de se mettre en état de les entretenir dans leur propre langue, et six semaines après il parlait l'espagnol, au grand étonnement de ceux qui l'entendaient.

Ces distractions littéraires ne l'empêchaient pas de s'occuper aussi des études plus sérieuses qu'exigeaient de lui ses fonctions de vicaire-général, qu'il remplit toujours avec zèle. La science profonde qu'on lui connaissait, et la régularité remarquable de ses mœurs le mirent à même de rendre d'utiles services à la religion. Il eut aussi le bonheur de faire sentir l'influence de son ministère à plusieurs des protestants, qui alors comme aujourd'hui, étaient en grand nombre dans le diocèse et la ville de Montauban. Les discours aussi touchants que solides qu'il leur adressa pour dissiper leurs doutes, éclairer leurs ténèbres, furent quelquefois couronnés d'un plein succès. Nous ne citerons à l'appui de cette assertion, qu'un seul trait qui fait trop d'honneur à M. l'abbé

2

de la Loge, pour être passé sous silence; il a été en quelque sorte arraché à son humilité, et nous a été raconté par plusieurs personnes qui l'avaient entendu de sa propre bouche. Il s'occupait de la conversion d'un riche et célèbre protestant, qui habitait une paroisse peu éloignée de Montauban. Un des ministres de cette ville voulut traverser les efforts de son zèle et empêcher le retour à la foi catholique d'un homme dont l'exemple et le crédit pouvaient en entraîner un grand nombre d'autres. Il se présente donc au château de son co-religionnaire un jour que M. l'abbé de la Loge s'y trouvait conversant avec lui. A peine est-il introduit, qu'il engage la dispute sur un article de notre foi, et soutient que dans l'Eglise romaine, on ne découvrait plus la sainteté promise par Jésus-Christ à son épouse. Il présente à ce sujet toutes les difficultés et les objections que peut lui fournir la subtilité de son esprit, et qu'il croit les plus propres à faire impression sur celui qu'il voulait empêcher de se convertir. Quand M. l'abbé de la Loge vit qu'il n'avait plus rien à dire, il reprit ses objections l'une après l'autre, en fit sentir toute la faiblesse, et, par une suite d'arguments vifs et pressants, il vengea tellement la vérité contre les sophismes du ministre de l'erreur, que celui-ci forcé d'en reconnaître la nullité, s'avoua vaincu et s'écria : Victoire au docteur catholique !..... si je n'étais ministre, et ministre d'une grande ville, je prêcherais contre la réforme.

A l'approche de la révolution, le baron de Breteuil, cousin de l'évêque de Montauban et ministre de Louis XVI, connaissant particulièrement le mérite et les talents de M. l'abbé de la Loge, l'avait fait porter sur la feuille des bénéfices simples, qui étaient à la nomination royale. Il avait été nommé titulaire d'une riche abbaye, lorsqu'une maladie grave, qui faillit le conduire au tombeau, lui fit perdre l'usage de l'un de ses yeux, et le retint au lit pendant six mois, empêcha le ministre de la feuille de donner suite à cette nomination. Dieu, en ne permettant pas qu'il obtînt un titre dont il eût été nécessairement dépossédé, quelques années plus tard, voulut lui épargner les embarras et les dangers auxquels un refus de serment schismatique exposa bientôt après tous les bénéficiers.

En 1789, M. de Breteuil ayant été député aux états-généraux par le clergé du pays de Rivière-Verdun, M. l'abbé de la Loge accompagna son évêque à Versailles. Il y vécut avec lui pendant une grande partie de la durée des états-généraux. Il fut, par là, à portée de connaître et d'apprécier les hommes les plus célèbres et les événements de cette époque fameuse, d'une manière qui lui a fait dire souvent, que la plupart des historiens en avaient rarement saisi le véritable caractère. Le 4 janvier 1791, l'évêque de Montauban refusa le serment à la constitution civile du clergé, et s'exposa ainsi à toutes les fureurs que la révolution exerça contre les prêtres fidèles. Il fut obligé de fuir et de se cacher en Normandie, pour se soustraire au décret de déportation. Il eût été doux à M. de la Loge, qui partageait ses principes et avait applaudi à sa conduite dans l'assemblée dont il venait de se séparer d'une manière si honorable, de le suivre dans son exil volontaire et de partager ses dangers ; mais son père, vieillard octogénaire et infirme, réclamait auprès de lui la présence de son fils. M. de la Loge fit, en cette circonstance, céder l'amitié au devoir. Il se sépara à Paris d'avec son évêque qu'il avait embrassé pour la dernière fois. Il n'entendit même plus parler de lui pendant plusieurs années. Il apprit, avec consolation, en 1794, que ce prélat avait été arrêté avec les personnes qui lui avaient donné un asile, et jeté dans les prisons de Rouen, où, réduit à l'état de la misère la plus affreuse, dévoré par la faim, rongé par la vermine, il avait donné l'exemple de la plus religieuse résignation; et qu'il était mort en bénissant Dieu de lui avoir ménagé ce moyen de réparer les torts de sa vie passée.

Rendu à sa famille qui habitait alors Charly sur Marne, M. l'abbé de la Loge lui donna tous les soins dont un cœur aussi bon que le sien put lui suggérer l'idée. Il fut assez heureux pour voir la santé de son père se rétablir entièrement.

Pendant environ deux ans on le voit continuer à peu près le genre de vie qu'il avait adopté à Montauban ; il paraît presqu'exclusivement occupé de soins domestiques. Il acquiert de nouvelles propriétés, en augmente d'anciennes par des réparations et des constructions considérables. Le désir d'améliorer le domaine de Charly, et plus encore l'espérance d'écarter par là, de dessus la tête de son père et de sa mère, des coups terribles dont ils paraissaient menacés au commencement de 1792, lui donna la pensée de faire bâtir un nouveau château sur ses terres. Cette entreprise lui fournit aussi l'occasion d'exercer sa charité ; elle procura du travail à un grand nombre d'ouvriers, dont quelques-uns n'avaient pas montré à son égard des dispositions très-pacifiques. Dans ces occupations de M. l'abbé de la Loge, il était plus facile de reconnaître un jeune seigneur, un riche propriétaire, qu'un prêtre de Jésus-Christ, à une époque où l'Eglise de France, ravagée par un schisme déplorable, voyait ses ministres les plus fidèles persécutés, emprisonnés, massacrés dans leur patrie, ou errants et proscrits sur une terre étrangère. Madame de la Loge le sentait vivement ; sa piété et sa tendresse de mère en furent bien des fois affligées. Un jour qu'elle communiquait au directeur de sa conscience la peine qu'elle éprouvait à cet égard : « Prenez confiance et consolez-« vous, Madame, lui répondit-il, M. votre fils « deviendra l'instrument du salut d'un grand nom-« bre d'âmes ; il vivra et mourra comme un saint « prêtre. » Cette espèce de prédiction ne tarda pas à s'accomplir, et voici de quelle manière :

Madame L., née à Charly, avait quitté de bonne heure la maison de son père, pour entrer dans un monastère de Bernardines voisin de la ville de Meaux. Elle y avait fait ses vœux à l'âge de dix-sept ans, et vécu avec une édification remarquable pendant près de vingt ans. Lorsqu'un décret de l'assemblée nationale eut, en 1790, aboli les vœux et supprimé les ordres monastiques, elle se sépara avec regret d'une communauté dont elle avait été le modèle. Elle n'eut pas le bonheur de trouver dans sa propre famille la paix et la tranquillité qu'elle y était venue chercher. Son père, homme ardent et plein de feu, devint en quelque sorte le persécuteur de sa fille, qui n'opposait à ses rigueurs que cette seule prière : *Seigneur, accordez le Ciel à mon père pour le mal qu'il me fait.* Dieu exauça des vœux aussi purs et le père de madame L. mourut peu après de la mort des justes. Elle s'associa bientôt à toutes les personnes qui étaient restées véritablement ferventes et fidèles à Dieu dans la paroisse de Charly ; elle devint leur lien commun ; elle fut l'âme de tout le bien qu'elles contribuèrent à y opérer pendant la durée de la révolution.

M. l'abbé de la Loge entendit parler d'elle, et remarquait avec étonnement que, loin de chercher à se mettre en rapport avec lui, elle avait l'air d'éviter sa présence. Un jour l'ayant rencontrée, il lui demanda pourquoi elle n'assistait pas au saint sacrifice, quand il l'offrait à la paroisse ? *Monsieur,* lui répondit-elle avec une douce fermeté, *il n'est pas encore temps.* Cette parole me perça le cœur, a dit depuis M. de la Loge, j'en conclus que ma vie n'était pas aussi régulière et aussi parfaite que Dieu le voulait. Elle ne fit qu'augmenter son estime pour celle qui avait eu le courage de la lui adresser ; il manifesta un vif désir d'avoir avec elle une explication de confiance. Il l'obtint enfin et put entendre de la bouche de cette dame tout ce que Dieu lui inspira de bonnes et de solides raisons, pour l'exciter à rentrer plus sérieusement en lui-même, et à commencer la vie la plus parfaite. Pendant cette entrevue, il sembla à M. de la Loge qu'un nuage se dissipait autour de lui, pour lui laisser apercevoir la lumière la plus vive ; ses yeux furent dessillés et dégagés comme d'un voile qui les avait en quelque sorte obscurcis. La grâce agit en ce moment sur son cœur d'une manière si puissante, elle se manifesta au-dehors par des effets si extraordinaires, qu'au témoignage de plusieurs témoins oculaires et dignes de foi, on ne trouve presque rien d'admirable dans la conversion des Norbert et des Augustin qui ne se soit renouvelé dans la sienne. Ses yeux se changent en deux sources de larmes dont, pendant plusieurs années, on trouve chaque matin sa chambre toute inondée. On voit quelquefois son prie-Dieu environné de glaces formées de ses pleurs pendant des hivers rigoureux. Il cesse de monter au saint autel, et se réduit lui-même par humilité à la communion des simples fidèles. Il opère une réforme générale dans toute sa conduite ; il renonce à tous les rapports qu'il avait pu conserver encore avec le monde ; il se renferme dans une chambre étroite et incommode ; il prie, il médite sans cesse, il passe une partie des nuits dans ce saint exercice. Il néglige sa chevelure, laisse croître sa barbe, renonce à l'usage des vêtements riches et précieux dont il s'était servi jusque-là. Il se réduit à la vie des anciens solitaires du désert; il jeûne souvent ou ne prend le matin qu'un peu de pain grossier. Il prend encore, pendant quelques mois, ses repas avec sa famille ; mais il n'use plus que d'un seul plat, celui qui se trouvait placé sur la table vis-à-vis de lui. S'étant aperçu que sa mère tournait à dessein de son côté, ce qui était servi de meilleur, il ne mangea plus qu'en son particulier, dans sa chambre, d'un mets mal apprêté, qu'il prenait debout, sans nappe ni serviette ; sans vouloir jamais se servir d'autre table que du coin de sa cheminée. Il ne trouve plus de goût que dans la lecture des œuvres les plus propres à nourrir et à fortifier en lui les sentiments d'une sainte componction. C'est surtout de la lecture du livre de l'Imitation de Jésus-Christ, des soliloques de Thomas à Kempis, des œuvres de saint Augustin, de saint Bernard qu'il fait ses délices ; il les médite, il les savoure, et pour en mieux faire passer dans son cœur les pieux sentiments, il prend la peine d'en traduire en français les parties les plus belles et les plus touchantes. Il n'est point de secret de faire souffrir ses sens qu'il ne connaisse et ne mette en pratique ; il se déchire le corps avec des ceintures de fer. Il se défait en faveur des pauvres de sa montre et des autres objets de prix pour lesquels il avait eu de l'attache. Il étonne par la pauvreté volontaire à laquelle il se réduit : tandis qu'il envoie de l'argent et des vêtements à des prêtres fidèles qu'il connaissait à Paris et ailleurs, il se dépouille quelquefois lui-même jusqu'à ne pouvoir sortir de chez lui qu'avec des habits d'emprunt ; et cette vie admirable, il ne la mène pas seulement une semaine, un mois ; mais pendant près de dix années entières.

Quelques mois après que M. l'abbé de la Loge se fut ainsi donné à Dieu, les progrès de l'impiété et de l'anarchie et l'approche du règne de la terreur, obligèrent tous les prêtres fidèles qui étaient restés dans l'archidiaconé de Château-Thierry de prendre la fuite. Lui-même fut inscrit parmi les victimes honorables destinées à périr sur l'échafaud. Il fut pendant plusieurs jours enfermé, avec son père et sa mère, dans les prisons de Château-Thierry, d'où ils ne purent sortir que sur les instantes réclamations de plusieurs habitants de Charly, qui répondirent pour eux, vie pour vie. Une autre fois il fut compté parmi les prêtres qui devaient être déportés à Cayenne. M. de Saint-B., son frère, fut assez heureux pour obtenir la radiation de son nom sur les listes fatales de proscription. Pendant plus de six mois M. de la Loge put regarder le château de son père comme une prison, où il était en quelque sorte gardé à vue, d'où il ne pouvait sortir sans s'exposer à perdre la vie, et dont personne n'osait approcher de peur de le compromettre.

Dieu permit cependant pour sa consolation et le salut d'un grand nombre d'âmes, que madame L. pût tromper la vigilance de ses ennemis et communiquer avec lui. Elle lui représenta le triste état de la religion dans toute la contrée et en particulier dans la paroisse de Charly ; elle lui fit observer que l'exercice du saint ministère semblait y avoir cessé tout à fait ; que les sacrements n'y étaient plus administrés ou ne l'étaient que par des prêtres intrus, de qui la conscience des vrais fidèles ne leur permettait pas de les recevoir ; qu'il était prêtre, qu'il devait, en ces tristes circonstances, venir à leur secours, qu'il ne lui était pas permis de différer plus longtemps de reprendre l'habitude de célébrer les saints mystères dont son humilité l'avait fait s'abstenir depuis quelque temps.

M. de la Loge recommença en effet à monter au saint autel chaque jour ; mais, la première fois qu'il célébra la sainte messe, il éprouva des impressions de foi, de crainte et de frayeur dont le souvenir n'a jamais pu s'effacer de sa mémoire. Un tremblement violent s'empara de tous ses membres, jusqu'à ce qu'au moment de la communion, il sentit son âme inondée de consolations ineffables. La vivacité de sa foi lui fit voir depuis d'une manière si sensible, la majesté de Dieu cachée sous l'enveloppe du sacrement, que pendant près de dix ans, il ne put donner la communion aux fidèles que d'une main tremblante et mal assurée. Sa piété pour la divine Eucharistie devint aussi dès lors bien tendre. Les moments les plus doux pour son cœur étaient ceux qu'il passait aux pieds des autels. Pendant plus de quarante ans qu'il vécut encore, quand, au saint sacrifice de la messe, il avait prononcé les paroles de la consécration, ses yeux étaient jusqu'après la communion, baignés de larmes que la dévotion faisait couler.

M. l'abbé de la Loge chercha et finit par trouver les moyens de se mettre en rapport avec M. Savard, à qui M. de Bourdeilles, évêque de Soissons, avait, pendant son émigration forcée, donné des lettres de vicaire général. Il en obtint les pouvoirs dont il avait besoin pour exercer toutes les fonctions du saint ministère à Charly, et dans les pays voisins. Dès lors il devint comme le pasteur d'un troupeau choisi. Tous ceux qui

dans ces malheureux temps, ne s'étaient pas laissé entraîner par le torrent de la révolution, se
rattachèrent comme naturellement à lui. Il fut la lumière qui éclairait dans ces jours ténébreux les
âmes d'élite que Dieu s'était réservées. Il fut le bras
qui les soutint dans ces années de scandales, et
les empêcha de fléchir les genoux devant les ido-
les que tant d'autres allaient adorer. Il leur ouvrit une chapelle dans la maison qu'il habitait et
en fit préparer une autre chez des chrétiens fer-
vents du pays. Ce fut dans ces oratoires inconnus
à tout autre qu'à ceux qu'une vertu solidement
éprouvée avait fait initier à leurs pieux secrets,
que M. de la Loge offrait le sacrifice de la messe
pendant la nuit, en présence d'une assemblée peu
nombreuse sans doute, mais qui rappelait assez,
par sa ferveur, celles des premiers chrétiens dans
les temps de persécution. Il y expliquait la loi de
Dieu, il y administrait les sacrements de Pénitence et d'Eucharistie, il y conférait le Baptême
aux enfants, et préparait les adultes au bonheur
de se nourrir pour la première fois du corps et
du sang de Jésus-Christ. C'était là aussi qu'il appelait sur de jeunes époux toutes les bénédictions
que Dieu répand en vertu d'un mariage chrétien.
Il eût payé de sa tête la sainte hardiesse qu'il
avait de travailler à la gloire de Dieu et au salut

des âmes en dépit des tyrans qui décimaient alors la France. Il le savait bien ; chaque matin il pouvait se dire et il se disait en effet : Dans vingt-quatre heures je puis avoir la tête tranchée ; mais cette pensée ne ralentissait pas les efforts de son zèle. Il avait à chaque instant la grâce du martyre à sa disposition et son seul regret a été que l'occasion d'y coopérer ne se fût pas offerte à lui comme à tant d'autres. Il ne voulut pas que les malades, qui ne pouvaient se rendre auprès de lui, eussent à regretter l'heureuse influence de son ministère. Pendant les nuits les plus obscures, il sortait de chez lui et allait, quelquefois assez loin, dans les paroisses voisines, par des chemins mauvais et souvent inconnus, consoler les moribonds sur leur lit de douleur, et leur administrer les sacrements d'Eucharistie et d'Extrême-onction.

Les prêtres étrangers qui passaient à Charly pour éviter la persécution qui les attendait ailleurs, s'adressaient à M. de la Loge, qui ne manquait pas de leur donner des preuves de sa charité toute sacerdotale. Il faillit une fois être victime de son dévouement ; il s'était fait le guide d'un prêtre étranger à travers des pays dangereux, au milieu desquels il s'égara, et peu s'en fallut qu'il ne périt avec celui qu'il conduisait.

Dans un autre voyage que la charité lui avait fait entreprendre, il aperçut les gendarmes qui étaient à sa poursuite ; il obligea le jeune homme dont il était accompagné de se séparer de lui : Pour moi, ajouta-t-il, je me livre à la grâce de Dieu et lui fais le sacrifice de ma vie. Il fut bientôt atteint par ceux qui le cherchaient et qui lui demandèrent s'il ne connaissait pas l'abbé de la Loge, s'il ne l'avait pas rencontré ? *Je le connais*, répondit-il, *il n'est pas loin d'ici.* Sans cette adroite repartie, il eût été immanquablement pris et mis à mort.

Depuis qu'en 1795 la convention, revenue à des principes de modération et de tolérance religieuse, eut décrété le libre exercice de tous les cultes, à condition qu'il ne se ferait aucune cérémonie extérieure, M. l'abbé de la Loge put sortir quelquefois de sa retraite, même pendant le jour ; il ne fut plus obligé de couvrir les œuvres de son zèle d'un voile aussi impénétrable. On le vit publiquement célébrer la messe dans l'église de Charly. Il eût voulu pouvoir se multiplier afin de subvenir à des besoins spirituels toujours croissants. Il consola successivement par sa présence les fidèles de la Trousse, Château-Thierry et Passy sur Marne. Pour seconder les vœux si légitimes de plusieurs paroisses, il offrait deux fois le saint sacrifice les dimanches et les fêtes. Il faisait quelquefois pour cela jusqu'à quatre lieues à pied, à jeun par des chemins, affreux, par les froids les plus rigoureux de l'hiver, comme dans les plus grandes chaleurs de l'été.

Mais c'est surtout une paroisse de six cents âmes, éloignée de Charly de trois quarts de lieue, qui fut, à cette époque, le plus beau théâtre des travaux de M. l'abbé de la Loge. Il y exerça, en différentes fois, les fonctions du ministère pastoral pendant près de cinq ans, depuis 1795 jusqu'en 1802.

Aucun prêtre schismatique n'était venu fixer sa résidence à Crouttes, lorsque celui qui en était le propre curé, s'en fut retiré en 1793 ; et ce fut pour cette paroisse une source de précieux avantages. L'élite de sa population demeura fidèle et pratiqua constamment tous les devoirs de la religion avec une exactitude qui ne s'est pas démentie, lors même qu'on risquait sa vie, en recourant au ministère d'un prêtre insermenté et non déporté. Plus de trente à quarante personnes y bravaient les traitements les plus rudes pour aller, quelquefois assez loin, entendre la messe les jours de dimanches et de fêtes et recevoir les sacrements de l'Église. Elles avaient constamment fréquenté les oratoires où, pendant la nuit,

M. l'abbé de la Loge réunissait les fidèles de Charly. Il avait été si frappé de leur générosité, de leur intrépidité et de leur ferveur pour tout ce qui regardait le service de Dieu et leur salut, qu'il voulut en devenir le pasteur particulier.

Le premier soin de M. l'abbé de la Loge, à son entrée dans la paroisse de Crouttes, fut d'en faire réparer l'église. Il en fit, à ses propres frais, orner les autels, environner le chœur de stalles et d'une grille et la mit dans un état de propreté remarquable. Il gagna la confiance des habitants, par sa bonté et ses manières douces et affables. Il fit dans quelques familles des visites qui eurent un plein succès. Sa bourse était ouverte à toutes les infortunes. Il donnait au lieu de recevoir, lors même qu'il eût pu le faire le plus légitimement. Oubliant la délicatesse de sa première éducation et la dignité de vicaire général dont il avait été jusque-là revêtu, il se mit à la portée de ceux qu'il voulait convertir. Il se fit, comme l'apôtre, tout à tous, pour les gagner tous à Jésus-Christ; il se logea et se nourrit chez eux et comme eux, pendant que ses fonctions le retenaient dans sa paroisse. Propriétaire d'une partie de leur terroir, il faisait avec eux les échanges de propriétés qui pouvaient leur complaire et leur être avantageux, quelque détriment qu'il pût en avoir à souffrir lui-même.

Connaissait-il quelques familles divisées? il inter-
venait comme médiateur, et mettait d'accord les
deux parties. On l'a vu, pour cela, adjuger à l'un
une propriété en litige et en prendre le prix dans
sa propre bourse pour le donner à l'autre. Aussi,
dès les premières fois qu'il chanta la messe à
Crouttes, la population en masse se porta-t-elle
à l'église pour l'entendre. Il mit dans les saints
offices la pompe et la décence convenables; jamais il ne voulut qu'on en célébrât aucun, à
moins que lui-même ne fût là pour le présider en
personne. Persuadé que l'instruction était le besoin le plus pressant de son troupeau, il la lui
présenta avec abondance, et sous toutes les for-
mes les plus propres à la lui faire goûter et retenir. Il fit de fréquents catéchismes à la jeunesse;
il n'offrait dans ses prônes, aux âges plus avancés, qu'une explication plus relevée et plus pratique du catéchisme de Montpellier. Il répandit
avec profusion, de bons livres achetés à ses frais.
Il eût été difficile d'entrer dans une maison, sans
y voir un exemplaire de l'Evangile ou de l'Imitation de Jésus-Christ, ou de la Conduite chrétienne
par M. Nicque, ou une Vie des Saints donnée
par M. l'abbé de la Loge. Il donnait aux com-
mençants le lait de la doctrine la plus simple, il
enseignait la perfection aux plus avancés, et cette

perfection il la puisait et la faisait puiser aux autres dans le livre de l'Imitation. Combien de fois n'a-t-il pas vu de jeunes gens et de bons vieillards, qu'il avait appris à se nourrir de la substance céleste renfermée dans ce livre admirable, aller l'attendre sur le bord des chemins qu'il devait suivre pour retourner à Charly, afin de lui exposer leurs peines, de le consulter dans leurs difficultés et d'entendre de sa bouche l'explication de quelques passages plus difficiles de l'Imitation de Jésus-Christ qu'ils n'avaient pas suffisamment compris.

Mais c'était surtout au saint tribunal que son ministère était le plus fécond en fruits de salut. La première fois qu'il y entra, il était âgé de plus de quarante ans ; la première personne qu'il ait confessée à Charly, dit, en sortant du confessionnal à ses compagnes : *Ce n'est pas un homme que je viens d'entendre, mais un ange.* Cet éloge a été bien des fois répété, et trouvé vrai, surtout à Crouttes. La haute expérience de M. l'abbé de la Loge, sa connaissance profonde du cœur humain, la pureté de vues qu'il apportait dans cette redoutable fonction, mais plus que tout cela, l'esprit étonnant de pénitence dont il était animé, lui firent opérer des prodiges par le moyen de la confession. Il lisait en quelque sorte dans le cœur de ceux qui se présentaient à lui au saint tribunal, avant même qu'ils eussent ouvert la bouche. Il paraissait doué d'un discernement surnaturel pour démêler les mouvements les plus secrets des passions. Il faisait couler les larmes de ses pénitents par la vue de celles qu'il avait répandues lui-même. Il leur apprenait à détester le péché mortel, de manière à pouvoir dire plus de quarante ans après, au moment de mourir : *Avec la grâce de Dieu, je n'ai jamais commis un seul péché mortel depuis que, pour la première fois, je me suis confessée à M. de la Loge.* En l'entendant dire et répéter que, pour lui, il ne ferait pas le plus léger mensonge, quand par là il pourrait éteindre les feux de l'enfer, on concevait pour le péché véniel une horreur souveraine. Enfin il enseignait la perfection la plus sublime à tous ceux qu'il trouvait capables de l'entendre.

On peut assurer que, par ces moyens et par d'autres semblables, M. l'abbé de la Loge a fait refleurir dans sa paroisse les siècles de la primitive Église. On y admirait la paix et l'union qui régnaient dans les familles, la piété des enfants, le zèle et la vigilance des pères et mères. La jeunesse ennemie des plaisirs, cherchait de bonne heure à mettre sa vertu et ses mœurs en assuran-

ce, en contractant des unions chrétiennes et bien
assorties. La réception fréquente des sacrements
de Pénitence et d'Eucharistie, la pratique des plus
hautes vertus, l'amour de Dieu, l'abandon à sa providence, le support des peines et des fatigues in-
séparables de l'état où on était engagé, ne semblaient avoir rien d'extraordinaire et qui ne fût
pratiqué par un grand nombre des heureux habitants de Crouttes. Plutôt que de faire une démarche
que la conscience eût condamnée, ils eussent été
prêts à sacrifier leur vie s'il l'eût fallu. On en a vu faire
plus de six lieues pour aller corriger un mensonge qui n'avait été fait cependant que pour mettre
en plus grande assurance, les jours de M. l'abbé
de la Loge. Un jour de fête patronale, en voyant
monter au saint autel un prêtre schismatique, au
lieu d'un prêtre fidèle qu'on attendait ce jour-là,
on se hâta de quitter l'église qui fut déserte en un
instant.

« M. de la Loge, nous écrivait dernièrement
« un des habitants de Crouttes, à qui son zèle
« pour la foi a failli coûter la vie, M. de la Loge
« venait à bout d'avoir la confiance des person-
« nes les plus endurcies contre la religion. Il
« faisait des conversions qui étonnaient tout le
« monde. Il avait trouvé le secret de faire fré-
« quenter souvent les sacrements par des per-

« sonnes qui, avant de le connaître, avaient vécu
« longtemps sans s'en approcher, et, s'il était
« resté dans notre village un peu plus longtemps,
« il aurait fait autant de saints qu'il y avait d'ha-
« bitants, tant il était regardé comme l'envoyé
« de Dieu! »

Le succès de sa mission à Crouttes fut tel en
effet que, tandis que la religion sortait à peine
de ses ruines dans le reste de la France, vers
le temps où il quitta cette paroisse, il n'y eut
que quinze personnes, sur six cents dont elle
se compose, qui ne s'approchèrent pas des sacrements.

Aussi le dévouement qu'on avait pour cet im-
comparable pasteur, ne pouvait-il être porté plus
loin. Voyageait-il par des chemins ou dans des
temps dangereux, on l'accompagnait au risque
d'être pris et de mourir avec lui. Il fut accusé
d'avoir fait une cérémonie extérieure, en enter-
rant l'un des chantres de son église; un grand
nombre de ses paroissiens, comme pour protes-
ter contre la rigueur de la sentence qui l'attendait, attestèrent par écrit qu'il ne s'était jamais
fait connaître à eux que par des bienfaits, et
l'affaire n'eut pas d'autre suite.

En 1802, M. de Beaulieu, nommé évêque de
Soissons, ayant entendu parler du mérite de

M. l'abbé de la Loge et des services qu'il avait rendus à la religion pendant les jours mauvais qu'elle venait de passer, l'appela auprès de lui, et voulut s'en faire aider dans le gouvernement de son diocèse. Cette nouvelle fut un coup de foudre pour le troupeau et le pasteur. La paroisse de Crouttes fut plongée dans une tristesse profonde. Elle était inconsolable, comme une famille à qui on enlève un père tendrement aimé. Le 27 novembre, jour où, pour la dernière fois, M. de la Loge parut au milieu de ses bons paroissiens, ils ne versèrent pas seulement des larmes, ils poussèrent des sanglots. Lui-même attendri et pleurant, disait hautement qu'il avait besoin de tout son courage pour supporter le coup dont il était frappé aussi bien qu'eux ; que son vœu le plus ardent eût été de mourir au milieu d'eux. Il leur promit d'être toujours leur vrai père, les assura qu'il userait de tout son crédit à la cour épiscopale où il était appelé, pour leur procurer toujours de bons prêtres.

Il les visita chaque année jusqu'en 1810 ; quand il se rendait à Charly, n'y demeurât-il qu'un seul jour, il voulait aller offrir le saint sacrifice dans son ancienne église ; il parcourait ensuite le pays, allait de maison en maison, adressant à chacun les paroles de consolation, d'encouragement ou d'exhortation dont il avait besoin.

Après une absence de plus de vingt ans, il voulut encore revoir deux fois son ancienne paroisse, et ce fut pour elle deux jours de véritable fête; le maire et l'un des notables habitants réclamèrent l'honneur de lui servir la messe. Il fit au saint autel des vœux bien ardents pour que la piété, qui s'était refroidie, se rallumât, et que les enfants héritassent de la foi qu'il avait admirée dans leurs pères.

Arrivé à Soissons, M. l'abbé de la Loge y demeura près d'un an sans avoir aucun titre ni aucune fonction particulière à remplir. Il se montra, dès le commencement de son séjour en cette ville, ce qu'il avait été à Charly et à Crouttes, un homme de Dieu, disposé à toutes sortes de bonnes œuvres. Il se livra tout entier au ministère des catéchismes qu'il avait toujous regardé comme si important. Il instruisit avec zèle une multitude de jeunes gens que l'absence des pasteurs avait laissés croupir dans une profonde ignorance pendant la révolution. On se rappelle encore une première communion très-nombreuse qu'il avait préparée presque seul. L'air de sainteté qui reluisait sur toute sa personne quand il célébrait les saints mystères, attirait les fidèles en grand nombre autour des autels où on le voyait monter.

Il fut nommé chanoine honoraire le 1er sep-

tembre 1803. Il devint, bientôt après, grand pénitencier du diocèse, reçut des lettres de vicaire
général honoraire le 10 juin 1805, et les provi-
sions de chanoine titulaire le 11 août 1808.

Il ne pouvait manquer de se faire estimer, aimer et respecter de ceux avec qui sa nouvelle dignité l'obligeait de vivre ; mais personne peut-être
ne finit par mieux apprécier que M. de Beaulieu
sa haute vertu, sa sagesse et son mérite en tout
genre. Ce prélat lui donna des preuves fréquentes
d'une confiance sans bornes, et il en reçut, pour
son diocèse, et même pour sa conduite personnelle des services inappréciables. Il l'avait choisi
pour son confesseur, lorsque, docile à la grâce
qui le pressait, il donna à l'Eglise des exemples
si consolants d'humilité, de pénitence et de zèle
tout épiscopal. Il se reposa sur lui d'une grande
partie de l'administration de l'archidiaconé de
Château-Thierry, où il était si avantageusement
connu. Il le nomma supérieur des *religieuses Au-
gustines* de l'Hôtel-Dieu de Château-Thierry, et,
plus tard, de celles de l'Hôtel-Dieu de Soissons.
Il lui confia aussi la direction d'une communauté
de *dames Minimes*, que l'orage de 1790 avait dis-
persées et qui se réunirent à Soissons, aussitôt
que les temps, devenus meilleurs, leur permirent
de le faire sans danger. L'exercice de ses nouvel-

les fonctions de grand vicaire et les soins assidus
que M. l'abbé de la Loge donnait aux différentes
communautés dont on l'avait chargé, ne lui firent
pas oublier une association de quelques personnes pieuses, qui s'était formée à Charly, sous sa
conduite, au milieu de la révolution, et dont madame L. était devenue tout naturellement supé-
rieure. Elle ne se composait d'abord que de quatre ou cinq jeunes personnes d'une vertu éprouvée,
détachées par goût et par affection du monde au
milieu duquel elles étaient obligées de vivre. Elles
s'étaient, sous la conduite de M. l'abbé de
la Loge, engagées à demeurer dans la condition
de vierges par des vœux particuliers, et faisaient
ensemble presque tous les exercices d'une communauté régulière. L'objet de cette association
était de se soutenir réciproquement dans la vie
fervente et plus parfaite qu'on avait embrassée,
d'instruire et de gagner à Dieu les personnes du
même sexe qui se montraient disposées à se convertir, ou de leur donner des moyens de persé-
sévérer plus facilement.

M. l'abbé de la Loge, fixé à Soissons, conçut
le projet d'y transporter cette petite association,
de la fondre dans la communauté des dames Minimes, dont il avait été fait supérieur, et de perpétuer ainsi en France l'institut si respectable

des religieuses de saint François de Paule; mais il renonça bientôt à ce dessein, qui ne lui parut pas être celui de la Providence. En effet, madame L., à la vue de l'ignorance profonde des devoirs les plus essentiels, comme des vérités les plus importantes de la religion, où croupissait la jeunesse, depuis près de quinze ans que les églises avaient été fermées, avait songé à remédier à un si grand mal en se consacrant, elle et ses compagnes, à l'instruction des jeunes enfants de leur sexe, dans la paroisse de Charly. Elle entrevit même la possibilité d'y former une congrégation qui se consacrerait à l'éducation des jeunes filles des classes moyennes et pauvres, dans les paroisses où on réclamerait ses services, recevant à pension celles qui pourraient payer, et donnant gratuitement l'instruction aux autres. Avant de rien entreprendre, elle voulut consulter M. l'abbé de la Loge, qui goûta beaucoup et approuva hautement le projet qu'elle avait conçu et qui lui parut ne pouvoir être trop tôt mis à exécution. Dès ce moment, il devint l'âme, le conseil et le guide de cette belle entreprise. Madame L. ouvrit une école où, elle et ses associées, travaillèrent à former, dès l'enfance, le cœur et l'esprit des jeunes personnes de Charly; et, dès lors, la congrégation de *Notre-Dame de Bon Secours* fut fondée.

Elle fut peu nombreuse d'abord et se forma dans le silence et dans l'obscurité. Ses règles, dans lesquelles respire l'esprit de foi, de simplicité, d'humilité de madame L. et de M. l'abbé de la Loge, qui en fut supérieur jusqu'à la fin de sa vie, sont d'une exécution facile. Une vie frugale, un costume simple, la fidélité aux emplois, l'obéissance parfaite aux supérieures, l'union des cœurs, l'amour du silence et de la vie cachée, en forment tout le fonds. Ce n'est qu'après des épreuves de plusieurs années, qu'on y est admis à faire les vœux de pauvreté, de chasteté et d'obéissance.

Cet institut, si faible à son berceau, prit en peu d'années de rapides accroissements ; et, avant sa mort, M. l'abbé de la Loge eut la consolation de voir fonder dans plusieurs des plus fortes paroisses du diocèse, et même hors du diocèse de Soissons, jusqu'à seize maisons, où près de quatre-vingts sœurs de Notre-Dame de Bon Secours, procurent aux enfants les avantages d'une éducation aussi pieuse que solide. Il n'avait pas de plus grande joie que celle de les voir, de les visiter, de les entretenir de vive voix ou par lettres, et de les rappeler sans cesse au véritable esprit de leur vocation. Elles conservent comme un trésor précieux, divers écrits qu'il a composés pour elles, lorsqu'il était encore à Charly, et dont voici les principaux : *Livre de la Vie cénobitique*, traduit de saint Augustin ; le *Missel de Soissons*, traduit en français ; *Homélies, Sermons*, etc., traduits de saint Bernard ; les *Soliloques de l'Ame*, traduits du latin, de Thomas à Kempis ; de la *Conversion des Mœurs ; Sentiments et Conduite d'une Ame qui veut sincèrement servir Dieu*, ou Abrégé de la Perfection chrétienne. Dans l'auteur de ce dernier écrit, en particulier, on ne reconnaît pas seulement l'écrivain élégant et le directeur judicieux ; on y découvre l'homme plein de l'esprit de Dieu, et nourri des principes de la plus belle comme de la plus solide spiritualité.

M. l'abbé de la Loge y prémunit d'abord contre certaines illusions dont la plus haute vertu ne met pas toujours à l'abri. Il établit ensuite que l'âme fidèle qui ne veut pas marcher au hasard dans le chemin de la perfection, a deux grandes choses à faire : se bien connaître elle-même pour s'en défier et se mépriser, connaître et étudier Jésus-Christ, pour en retracer dans sa conduite toutes les vertus, elle doit descendre dans les profondeurs de son cœur et y scruter le mystère de néant et d'amour-propre qu'il recèle ; c'est le moyen de distinguer en elle la grâce et la nature ; de ne se point laisser éblouir par la première,

ni effrayer par la seconde. C'est le secret d'y dé-
couvrir un double trésor de miséricorde et de
misère. Mais elle ne doit pas s'arrêter à cette
connaissance et à cette vue de son néant. Il lui
suggère les motifs qui l'obligent de tendre à la
perfection; et, pour éviter les piéges nombreux
dont est parsemée la route qui y conduit, pour
éviter surtout le découragement et la tristesse où
pourrait la jeter la connaissance approfondie
d'elle-même, il lui indique l'Imitation de Jésus-
Christ comme le moyen le plus infaillible et le
plus sûr pour y arriver. « Cette première science
« de votre propre cœur, lui dit-il, après vous en
« avoir découvert les langueurs et les infirmités,
« vous conduira d'elle-même à la grande et con-
« solante étude de Jésus-Christ. Tout est contre-
« poids dans notre divine religion, et son su-
« blime milieu, s'établit au milieu des contrai-
« res. La simplicité nous conduit à la prudence,
« la faiblesse à la force, l'humilité à la noblesse,
« et, si la connaissance de nous-mêmes nous abat
« et nous décourage, celle de Jésus-Christ nous
« relève et nous anime. Sans sortir du respect
« dû à une si haute majesté, approchez-vous de
« lui et osez apprendre à connaître celui dont
« les délices sont d'être avec les enfants des
« hommes, etc. »

Tous les traités de perfection, dit-il ensuite, ne sont que les développements de la connaissance pratique de Jésus-Christ, renfermée dans l'étude du saint Évangile et tout ce que la connaissance et l'imitation de ce divin modèle exigent de nous, se résume presque en ces mots : simplicité, humilité, douceur, obéissance, amour du silence, de la retraite et de la prière, et pauvreté.

Premièrement. *Simplicité.* « C'est une des ver-
« tus que Jésus-Christ a le plus souvent prisée,
« recommandée, pratiquée ; vertu d'autant plus
« sublime qu'elle le paraît moins, et que, sem-
« blable à ces pierres cachées sur lesquelles re-
« pose tout l'édifice, il en a fait la pierre angu-
« laire de sa religion. Depuis le berceau où, véri-
« ritable Emmanuel, c'est avec le lait et le miel
« qu'il distingue le bien et le mal, jusqu'au Cal-
« vaire où, brebis muette, il détruit, par sa
« sainte mort, toutes les ruses de l'antique ser-
« pent ; tout est en lui si parfaitement simple,
« que cette simplicité tient à l'essence et au fond
« de son être. Commence-t-il à prêcher son Évan-
« gile, cette loi si simple qui doit être la confu-
« sion des sages et la consolation des petits ? Le
« premier mot qu'il prononce, et comme le texte de
« sa mission, est en faveur des esprits pauvres et

« dépouillés d'eux-mêmes. Il veut que la simpli-
« cité d'un œil pur règle toutes les actions de ses
« disciples ; que la simplicité d'un oui ou d'un
« non, préside à toutes leurs paroles, que la
« simplicité d'une enfance spirituelle leur ouvre
« seule les portes du royaume, et les seuls Na-
« thanaël ont droit à son choix et à ses éloges.
« Auguste et céleste simplicité, qui devient, il
« est vrai, le scandale et la dérision de l'insensé,
« mais qui sera toujours, pour la saine raison,
« le comble de la sagesse et la meilleure dé-
« monstration de la vérité. C'est avec elle que,
« vous élevant à la hauteur de votre vocation,
« vous prendrez les véritables ailes de la co-
« lombe, vous dépouillerez votre âme de tout le-
« vain, et vous vous formerez une vertu vraiment
« azyme. »

Secondement, *Humilité.* « Un Dieu humble,
« dit M. l'abbé de la Loge, ces deux mots sem-
« blent contradictoires, et le sont en effet ; com-
« ment l'humilité peut-elle convenir à l'infinie per-
« fection d'un Dieu ? Aussi cet ineffable mystère
« est-il exclusivement celui de Jésus-Christ fait
« homme. »

Il fait voir ensuite que notre orgueil n'avait pas
besoin, pour être guéri, d'un remède moins puis-
sant que celui de l'humiliation d'un Dieu. Il peint

les abaissements de Jésus-Christ dans son incar-
nation, dans le genre de mort qu'il a choisi, dans
les cicatrices même que, jusque dans le ciel, il
a voulu conserver, afin qu'éternellement elles
nous répétassent que le plus petit serait le plus
grand, et que celui qui s'abaisserait serait exal-
té. « Allez donc, allez au pied de cette croix, à
« l'unique science de saint Paul, et, dans une
« salutaire méditation, à la vue de cette hostie
« mourante, apprenez l'infaillible route du salut,
« la véritable mesure de la vertu. C'est là qu'en-
« tièrement vide de vous-même, vous méprisant,
« vous détruisant vous-même et n'existant plus,
« pour ainsi dire, que dans l'abîme de votre
« néant, vous vous enivrerez avec joie du calice
« que Jésus-Christ a bu le premier ; et que vous
« défiant surtout d'une humilité superbe qui, si
« souvent, hélas! s'enorgueillit d'elle-même ; vous
« vous humilierez avec lui de plus en plus et sans
« fin dans votre humilité même. »

Après avoir montré, toujours par les paroles,
les sentiments et la conduite de Jésus-Christ, le
véritable caractère et l'indispensable nécessité de
la douceur, de l'obéissance, de l'amour du silence, de la retraite, de la prière et de la pauvreté ;
il termine son précieux travail par cette vive et
touchante exhortation à la pratique de l'amour

qui renferme éminemment toutes les vertus :

« Hâtez-vous, âme fidèle, d'aller à Jésus-
« Christ; achevez de cacher en lui cette vie qui
« vous importune ; expirez avec ce divin Sau-
« veur, et bientôt, échangeant vos dépouilles
« mortelles contre le vêtement de sa divinité,
« vous revivrez, vous renaîtrez avec lui, et c'est
« ainsi que de l'abîme de votre néant reconnu,
« vous retomberez dans un nouvel abîme, celui
« de l'immense charité d'un Dieu qui n'a créé le
« cœur de l'homme à l'image de son amour, que
« pour que nous puissions l'aimer aussi tendre-
« ment qu'il nous aime. »

Rien de plus tendre, de plus vif, je dirai presque de plus brûlant que les paroles qui suivent et
que nous croyons devoir ajouter aux citations
précédentes.

« Quel sentiment plus fort, quel lien plus étroit
« que celui de l'amour ? Les puissances, les do-
« minations, la mort même ne peuvent arrêter
« la pente invincible qui l'unit à son objet; vigi-
« lant jusque dans son sommeil, il le poursuit
« incessamment et ne se repose qu'avec lui. Plus
« cet objet est grand et sublime, plus son action
« redouble, plus ses mouvements s'élèvent; les
« difficultés s'applanissent, les différences dispa-
« raissent, tout s'égalise, tout est ou devient

« possible. Cet objet est-il atteint, il se précipite,
« il s'abandonne et se confond tellement avec
« lui, que l'union de deux cires mêlées par le
« même feu, n'est pas plus entière.

« Eh! qu'est-il besoin de vous définir un senti-
« ment qui n'admet d'autre définition que le goût
« et le bonheur qu'il porte avec lui? Ouvrez votre
« cœur, écoutez les sons de Jésus-Christ lui-
« même; que la terre se taise en sa présence, et
« que ce cœur défaillant ne connaisse plus d'au-
« tre voix que la sienne. O amour de Jésus-
« Christ! les brasiers de l'ancien tabernacle, mal-
« gré leur perpétuité, n'étaient qu'une figure
« vaine, une faible étincelle de l'incendie qu'il
« n'appartenait qu'à vous de produire. Il fallait à
« tout moment entretenir cette flamme matérielle
« et grossière; mais vous, vous n'avez besoin
« que de vous-même. Semblable au buisson de
« Moïse, vous revivez en consumant; consumez
« donc ces faiblesses d'habitude, écartez ces cen-
« dres trompeuses qui s'efforcent de vous étouf-
« fer. C'est le bois le plus aride et le plus sec qui
« doit augmenter votre force et votre activité. »

« Et vous, âme chrétienne, apprenez enfin que
« le plus redoutable des anathêmes est prononcé
« contre celui qui n'aime pas le Seigneur Jésus;
« et soit que, dans une communion sacramen-

« telle, vous alliez avec lui vous enivrer à la vraie
« source de l'amour ; soit que, dans une com-
« munion spirituelle et fréquente, vous étanchiez
« une soif qui ne doit être jamais satisfaite ; soit,
« enfin qu'avec le disciple chéri, vous alliez, par
« une douce communication, puiser, dans le sein
« de ce bon maître, les moyens qu'il sait si bien
« apprendre de l'aimer toujours de plus en plus ;
« rougissez de l'avoir aimé si peu, et vous dé-
« dommageant vous-même en lui payant des det-
« tes aussi sacrées que les vôtres : faites que tout
« ce que vous avez soit à lui, que tout ce qui est
« à lui soit à vous. »

M. l'abbé de la Loge, vers la fin de son séjour
à Charly, avait eu la douleur d'y perdre son père
et sa mère, qui moururent la même année pleins
de jours et de mérites. Ce ne fut pas lui qui leur
administra les derniers sacrements ; du reste nous
savons qu'il fit tout ce que sa foi et sa piété filiale purent lui suggérer pour les préparer à une
mort précieuse au yeux du Seigneur. Lui-même
voulut réciter sur eux les touchantes prières que
l'Eglise adresse à Dieu pour les agonisants. C'é-
tait une consolation pour lui, quand il se rendait
à Charly, d'aller prier encore près de l'endroit où
reposent leurs cendres, auxquelles il souhaitait
que les siennes pussent être réunies un jour.

Depuis que Dieu lui eut enlevé deux personnes qu'il aimait si tendrement, ses affections de famille se concentrèrent en quelque sorte, sur M⁺ de Saint-B., son frère, et madame de Saint-B., avec lesquels il fut toujours étroitement uni, moins encore par les liens du sang et de l'amitié, que par le même sentiment de foi et la pratique des mêmes vertus. On peut dire qu'avec eux il n'avait qu'un cœur et qu'une âme; leur joie devenait la sienne; il ne leur serait pas survenu un sujet de tristesse qu'il ne l'eût partagé. C'était auprès d'eux qu'il allait de temps en temps se reposer de ses fatigues. Pouvait-il dérober quelques jours au tourbillon des affaires, il s'empressait d'aller chercher et goûter avec eux le calme et la paix d'une aimable solitude.

Il savait se dédommager avec eux des privations de l'absence par un commerce agréable de lettres où se peignent les plus beaux sentiments d'une douce et tendre amitié. Il était aussi comme le prêtre de sa famille en particulier. Pour elle, il offrait quelquefois le sacrifice auguste de nos autels. C'était lui qui régénérait sur les fonts sacrés les enfants nouveaux-nés; c'était lui aussi qui appelait les bénédictions du ciel, sur les jeunes époux de sa famille. Il prononça dans une de ces circonstances heureuses pour son cœur, une courte allocution que nous avons retrouvée dans ses papiers après sa mort, et que nous nous ferions scrupule de laisser dans l'oubli. Le style en est pur, orné et cependant toujours grave, comme il convenait au sujet. Elle est une belle effusion de l'âme la plus tendre et la plus délicate. Elle peut mieux que tout ce que nous pourrions dire, peindre et faire connaître les sentiments du cœur de M. l'abbé de la Loge, à l'égard des enfants de sa famille.

« La sainteté des augustes fonctions que l'É-
« glise me confie, n'exclut point le double senti-
« ment qui me pénètre et m'émeut. Puis-je, au
« milieu de ces parents attendris, et sur le point
« de consacrer une alliance aussi touchante, ou-
« blier celle dont je fus autrefois le ministre, et
« ne pas bénir la divine bonté qui réserve en-
« core à ma vieillesse ce jour de consolation et
« de joie.

« Mais suspendons un instant de si douces et
« de si légitimes pensées. Ces jeunes époux, sur
« lesquels se fixent tous les regards et tous les
« vœux, attendent de moi des avis et de salutai-
« res leçons. Que leur dirai-je ? Eh ! qu'appren-
« dre à des consciences aussi délicates, à des
« âmes aussi bien préparées ?

« Formés l'un et l'autre à l'école des vertus

« les plus pures, et bien différents des mon-
« dains qui n'écoutent que leurs intérêts et leurs
« passions profanes, c'est Dieu, c'est la voix
« de la Providence manifestée par celle de leurs
« parents, c'est l'accord des meilleurs principes
« qu'ils ont avant tout consultés.

« Une même simplicité d'intention, une même
« émulation de vertu ont seules déterminé leur
« choix, et la grâce conjugale qu'ils vont rece-
« voir achèvera de perfectionner ces heureuses
« dispositions. Toujours vivante et vivifiante en
« eux, elle les accompagnera, les dirigera comme
« un guide tutélaire. Ils la retrouveront dans tou-
« tes les circonstances de leur vie, au milieu de
« leurs succès comme au milieu de leurs épreu-
« ves, et la foi leur découvrant le joug du Sei-
« gneur dans celui du Mariage, ils le porteront
« avec amour, et se rendront réciproquement ce
« joug aussi aimable que léger.

« Plein de confiance et d'espoir, il m'est donc
« permis désormais de leur tenir un autre lan-
« gage, et de m'abandonner sans réserve aux ef-
« fusions de ma tendresse.

« A l'exemple du grand apôtre, lorsqu'à la
« fin de sa carrière, et n'écoutant plus que les
« mouvements de sa charité, il se comparait à la
« nourrice la plus tendre et s'appelait le père des

« bien-aimés qu'il enfantait à Jésus-Christ , je re-
« garderai comme mes enfants ceux que je vais
« présenter à ce Dieu sauveur pour en être com-
« blés de grâces et de miséricorde. Oui, mes en-
« fants, enfants chéris ! j'aime à vous le répéter,
« j'aime à vous donner ce nom , et j'en ai bien le
« droit, puisque j'éprouve pour vous dans ce
« moment la même affection que les auteurs de
« vos jours. Hâtez-vous de cimenter votre bon-
« heur par le lien indissoluble, par l'engage-
« ment sacré dont Dieu lui-même daigne se ren-
« dre témoin. Venez mon cher Alphonse , vous
« l'héritier, selon l'expression de l'Ecriture , des
« bénédictions de votre père , et le fruit d'une
« union qui présage le bonheur et la durée de la
« vôtre. Venez aussi, modeste Clémence , si di-
« gne d'être l'épouse dont parle le Sage et que
« Dieu donne lui-même, vous l'héritière aussi de
« toutes les vertus au milieu desquelles vous êtes
« née. Venez ; que rien ne retarde plus votre
« juste impatience. Venez unir vos cœurs et vos
« mains , vous jurer une éternelle fidélité , rece-
« voir aux pieds des saints autels , le gage des
« promesses faites à la piété, non-seulement pour
« la vie présente , mais de celles bien plus pré-
« cieuses qui lui sont assurées pour la vie fu-
« ture. »

A l'époque des cent jours, en 1815 , M. l'abbé
de la Loge profita de ces moments de troubles ci-
vils pour aller à Toulouse et à Montauban , visiter une partie de sa famille , dont il avait vécu
éloigné depuis près de vingt-cinq ans et qu'il af-
fectionnait aussi beaucoup. Comme c'était pour lui
un besoin de se rendre utile à la religion partout
où l'occasion s'en présentait à lui , il usa de son
crédit et de l'influence que sa longue absence ne
lui avait pas fait perdre à Montauban , pour y travailler avec succès à l'établissement d'une communauté religieuse. Depuis , ce ne fut que la
dernière année de sa vie qu'il put revoir et embrasser l'un des membres les plus distingués de
sa famille de Toulouse que nous allons laisser
parler et exprimer lui-même ce qu'il sentit lors
de sa courte entrevue avec son grand'oncle.

« Vous me demandez , Monsieur, quelles ont
« été mes impressions lors de ma courte appari-
« tion auprès de mon bon oncle. C'est une dou-
« ceur pour moi , après une perte aussi doulou-
« reuse , que de revenir sur des souvenirs si pré-
« cieux et si ineffaçables de ma mémoire. Je puis
« dire en toute sincérité que je n'ai jamais eu une
« impression plus profonde et plus religieuse que
« celle que me laissèrent les discours de ce saint
« oncle. La vue de ce prêtre de Dieu courbé par

« lès fatigues du ministère et l'épuisement d'un
« grand âge, livré encore à tous les soins d'une
« partie considérable de l'administration d'un
« diocèse, investi de la confiance de son évêque,
« vénéré de tous ceux qui l'approchaient, m'au-
« rait à elle seule donné une émotion vive, et les
« sentiments d'admiration qu'il commandait en-
« core plus par la sainteté de ses entretiens, et l'é-
« lévation de ses vues sur les matières religieuses.
« Je n'ai passé que peu d'instants auprès de lui,
« et, dans ces trop courts moments j'ai pu juger
« que M. l'abbé de la Loge n'était point un prêtre
« ordinaire, qu'il sentait mieux que personne les
« difficultés des temps actuels, et qu'avec quelques
« années de moins et des vues aussi sages, il au-
« rait fait un bien immense dans le saint minis-
« tère. Sévère pour lui-même, nourri de la piété
« la plus tendre, il me parut d'une touchante to-
« lérance pour les autres ; il ne leur demandait
« pas cette ferveur des meilleurs jours, mais cette
« foi qui dirige et soutient dans le bien, qui con-
« serve les familles à la religion. Puis, comme il
« était doux de l'entendre, cet homme si exigeant
« pour lui, s'apitoyer sur les difficultés que les
« jeunes gens ont pour suivre la ligne droite !
« Comme il connaissait leur cœur, les séductions
« dont ils sont entourés ; comme il les plaignait,

« comme il leur tendait une main secourable.
« Avec une charité si éclairée et si compatissan-
« te, mis en contact avec la jeunesse, M. de
« la Loge aurait fait ravage dans ses rangs, il en
« aurait ramené un grand nombre au bien. Enfin,
« desséché par l'âge, comme il avait conservé la
« sensibilité qui s'émousse si facilement chez les
« vieillards ! A peine il me connaissait et il me
« combla des marques de sa tendresse. Tous ces
« souvenirs sur sa famille du midi étaient aussi frais
« et aussi affectueux que s'il avait toujours vécu
« avec elle. Il était essentiellement bon parent, et
« pourtant il trouvait encore dans ces sentiments
« si légitimes quelque chose à sacrifier. Il se sur-
« veillait pour ne pas s'y laisser entraîner, pour
« se détacher d'ici-bas au moment où l'amitié
« resserrait tous les liens. »

M. l'abbé de la Loge fut nommé par M. de Beaulieu vicaire général titulaire et grand archidiacre
du diocèse de Soissons dans les premiers mois de
la restauration. Il avait été présenté, dès l'année
1811, pour la première de ces dignités, à l'agré-
ment du gouvernement, qui refusa constamment
de ratifier cette nomination. Une œuvre de charité toute sacerdotale, telle que M. l'abbé de
la Loge en fit un grand nombre pendant sa vie,
avait exaspéré contre lui un homme assez puis-

sant pour lui attirer l'animadversion de ceux qui étaient dépositaires du pouvoir à cette époque. M. l'abbé de la Loge avait d'ailleurs excité des ombrages par la fermeté de la conduite qu'il tint et la sagesse des conseils qu'il donna à son évêque lors des différends survenus entre le saint siége et le gouvernement français. Il fut obligé, pour éviter une persécution plus ouverte, de demeurer comme étranger à l'administration du diocèse et de consacrer près de deux ans à une retraite presque absolue.

En 1817, M. l'abbé de la Loge forma, de concert avec M. de Beaulieu, une entreprise qu'il eut le bonheur de conduire à une heureuse fin, et dont notre diocèse a déjà retiré des avantages précieux. La révolution avait fait disparaître de la ville de Soissons un institut fondé en 1714 par madame la marquise de Genlis et qui avait pour but l'éducation des enfants des classes moins aisées et le soin des pauvres malades. Il essaya d'en réunir les membres épars. Il y en adjoignit de nouveaux qu'il avait à sa disposition, et, depuis ce moment, la congrégation des *Sœurs de Genlis* ou de *l'Enfant-Jésus* reprit une nouvelle vie. Celui qui en avait été, en grande partie, le restaurateur en fut, pendant plus de vingt ans, le premier supérieur. Il fonda, dans différents pays, jusqu'à sept nouvelles maisons du même ordre, qu'il a laissées en mourant en voie de prospérité.

Ce fut vers la même époque que M. l'abbé de la Loge devint trésorier du séminaire, et il le fut jusqu'à sa mort. Les services incomparables, qu'il a rendus à cet établissement dont il fut constamment comme la seconde Providence, forment, sans contredit, l'un de ses plus beaux titres de gloire, et suffiraient seuls pour lui acquérir des droits sacrés à toute la reconnaissance du clergé de Soissons. Pour donner aux vocations ecclésiastiques le moyen de se développer avec succès ; pour l'entretien, la conservation, l'agrandissement ou l'assainissement des maisons où Dieu lui-même prépare ceux qu'il appelle au sacerdoce, M. l'abbé de la Loge ne connaissait pas d'impossibilité qu'il n'essayât de surmonter, point d'obstacle qu'il ne voulût renverser. Les intérêts du séminaire étaient devenus ses plus chers intérêts. Pour les procurer, il mettait tout en œuvre avec un courage qu'aucune fatigue ne rebutait, avec une persévérance de charité que rien ne lassait. Il était, par goût et par vertu, détaché des biens de la terre jusqu'au point de n'avoir rien conservé des débris de sa fortune, qui avaient pu échapper à la révolution ; il pratiquait la pauvreté volontaire jusqu'à former le

souhait, qui fut presque réalisé, de n'avoir, au
moment de sa mort, que de quoi couvrir les frais
de ses funérailles ; mais, quand il s'agissait du
temporel du séminaire, il devenait saintement
avare. Et comment ne se serait-on pas laissé
prendre aux innocentes industries de sa charité,
lorsqu'on savait combien, par acte public, ou en
secret il avait donné lui-même à la maison pour
laquelle il réclamait des sacrifices?

M. de Beaulieu ayant, en 1820, donné sa dé-
mission, pour se reposer dans une paisible retraite des fatigues de sa longue administration,
M. de Villèle, qui lui succéda dans son siége,
pria M. l'abbé de la Loge de continuer l'exercice
de ses fonctions de vicaire général, de grand archidiacre et de grand pénitencier du diocèse.
Monseigneur de Simony, nommé à l'évêché de
Soissons cinq ans après, lui donna les mêmes
marques de confiance.

Depuis ce moment jusqu'à la mort de M. l'abbé de la Loge, sa vie se passa dans une édifiante
uniformité qu'aucun événement extérieurement remarquable n'est venu troubler. Pour en apprécier
le mérite, il faut pénétrer dans son intérieur,
étudier la nature des occupations qui remplis-
saient et partageaient chacune de ses journées.
C'est à s'acquitter des devoirs de sa charge dans

toute leur étendue qu'il fit consister sa perfec-
sion ; mais pour y réussir, on peut dire qu'il eut
souvent besoin de se multiplier en quelque sorte
et de déployer toute l'activité d'esprit dont il
était doué. Après avoir pris le repos qu'un soin
raisonnable de sa santé exigeait de lui, il se li-
vrait à de pieuses méditations, dont le livre de
l'Imitation de Jésus-Christ et les élévations sur
les mystères ou les méditations sur l'évangile de
Bossuet lui fournissaient ordinairement les sujets.
Il récitait ses heures avec foi et piété ; puis, il se
préparait à célébrer le saint sacrifice de la messe,
devoir sacré dont il ne se dispensa jamais que
quand une indisposition sérieuse le mit dans une
véritable impossibilité de s'en acquitter. C'était
là, disouait-il svent, qu'il trouvait tout : la force,
la lumière, la joie et la consolation. Il croyait que
la meilleure préparation de cœur qu'il pût apporter à la manducation quotidienne de l'Agneau sans
tache, était un sentiment profond de son indignité : « Je serai assez pur, assez saint, si je suis
« assez humble, nous a-t-il dit bien des fois.
« Voyez quelle est la plus belle et la dernière
« prière que l'Eglise mette à la bouche de ses
« ministres avant la communion, n'est-ce pas
« celle-ci : *Seigneur, je ne suis pas digne…..* ne
« la leur fait-elle pas répéter jusqu'à trois fois? »

Après son action de grâces, M. de la Loge rentré chez lui, prenait connaissance de sa correspondance. Elle était souvent très-nombreuse et roulait sur bien des affaires différentes qu'il avait à traiter : *séminaire*, *dispenses* en cour épiscopale ou en cour de Rome, *difficultés* et *cas de conscience*, etc. Il tenait à ne jamais remettre au lendemain une réponse qu'il aurait pu dicter, une affaire qu'il aurait pu régler la veille. Il disait, avec raison, que chaque courrier lui apportant de nouvelles difficultés administratives à résoudre, il serait bientôt accablé et incapable de suffire à tant de détails, s'il se laissait arriérer d'un seul jour. D'ailleurs il pensait que le moindre retard aurait pu souvent causer à MM. les curés des embarras extrêmes que son devoir l'obligeait de prévenir. Pour suffire à tout, on l'a vu souvent travailler, dicter des lettres, depuis dix heures du matin jusqu'à quatre ou cinq heures du soir. Une fois libre du côté des affaires, M. l'abbé de la Loge était le reste du jour tout entier à la piété. Il se délassait de ses fatigues en nourrissant son esprit de la lecture des divines écritures, ou d'un saint Père, ou de quelque auteur recommandable par la profondeur de sa science et la solidité de ses principes sur la vie intérieure. Il avait continuellement en main les épîtres de

saint Paul, le livre de l'Imitation qu'il savait par
cœur, Bourdaloue, Massillon ou Bossuet, qu'il
lisait et relisait sans cesse, avec un nouvel attrait. C'était alors aussi et par manière de délas-
sement qu'il recevait plus volontiers les visites de
quelques prêtres qu'il honorait d'une amitié tendre. Sa bonté faisait disparaître les différences
d'âge, de dignité, de talent et de vertu. Rien de
plus commode pour eux que leur commerce intime avec ce respectable vieillard. Il prenait plaisir à les former lui-même à l'art de conduire les
âmes, dans lequel il a excellé jusqu'à la fin. Il
leur faisait part de sa longue expérience ; quelquefois il leur ouvrait son âme, leur en révélait,
avec une simplicité d'enfant, les sentiments les
plus intimes. Il voulait bien leur demander conseil sur sa propre conduite, après les avoir
émerveillés et comme étonnés de la hauteur des
principes de spiritualité, que de l'abondance de
son cœur, il venait de leur développer. Heures
délicieuses, précieuses conversations dont le souvenir ne s'effacera jamais de leur mémoire! Ils en
sortaient toujours pleins d'admiration pour celui
qui les avait bien voulu tenir avec eux, souvent
émus, attendris, et enflammés d'un vif désir de
marcher sur les traces d'un si saint prêtre.

C'était aussi dans ces moments de liberté du

côté des affaires, que M. l'abbé de la Loge aimait à s'entretenir par lettres avec les âmes pieuses dont, quoiqu'éloigné, il était comme le directeur, ou aux supérieures des maisons religieuses qu'il était chargé de conduire. Nous avons eu entre les mains et lu près de cent lettres spirituelles, dont quelques-unes entièrement écrites de la main de M. l'abbé de la Loge. Elles nous ont paru toutes empreintes de l'esprit de piété qui caractérisait leur auteur. On y observe partout le langage et le sentiment de tendresse et de bonté vraiment paternelle qu'il eut toujours à l'égard de ses filles des différentes communautés dont il était supérieur. Il varie ses réponses suivant les besoins différents de celles qui l'avaient consulté ; il conduit chacune de celles à qui il écrit, selon les degrés de grâces dont il sait qu'elles sont prévenues, et les initie au secret des vertus auxquelles il les croit particulièrement appelées de Dieu ; mais partout se fait sentir, dans ces lettres, une douce émotion qui pénètre l'âme, une tendre compassion pour les peines dont Dieu veut quelquefois que les âmes les plus fidèles ne soient pas exemptes. Elles nous ont aussi paru des modèles de cette délicatesse, que les hommes d'une éducation distinguée, savent toujours mettre dans leurs rapports avec ceux même qui leur sont inférieurs. A chaque page y respire cet esprit de sage direction, de solide spiritualité, qu'on est, ce semble, convenu à Charly et à Château-Thierry d'appeler l'*esprit de M. de la Loge*. Il n'a rien de minutieux, rien de petit, rien d'apprêté ; il met au-dessus du danger des illusions, et consiste surtout dans la connaissance expérimentale de son néant et de sa corruption originelle, dans une confiance entière en la bonté et la miséricorde de Dieu, un abandon sans réserve à sa grâce, un soin continuel de s'attacher moins à la lettre qui tue qu'à l'esprit qui vivifie, une fidèlité constante à animer les œuvres extérieures par l'esprit de foi et de vie intérieure qui seul peut les rendre vraiment agréables à Dieu.

M. l'abbé de la Loge veut que les communautés conservent toujours l'esprit d'union et de paix, le principe surnaturel de la charité, de cette charité si indulgente pour les autres, si humble pour soi-même, l'observation exacte de leurs règles, cette piété pratique et fervente, si nécessaire à celles qui doivent être tout à la fois des Marthe et des Marie. Il désire qu'on s'y défie de ce qu'il appelle les passions spirituelles; qu'on s'ypersuade que la simplicité d'une voie commune est le plus sûr moyen d'arriver à la plus haute perfection. Il insiste sur la nécessité de l'esprit de communauté

qui demande qu'on apprenne à connaître ses dé-
fauts et qu'on supporte ceux des autres. Il recommande aux supérieures d'être, sous tous les rapports, les modèles de celles qu'elles doivent diriger. « Soyez humble avant tout, écrivait-il à l'une
« d'elles, et persuadez-vous tellement de votre
« misère, de votre indignité, de votre incapa-
« cité, qu'avec une pleine confiance vous atten-
« diez tout d'une grâce que vous ne méritez pas,
« mais que Dieu ne vous refusera jamais, si vous
« la lui demandez avec une prière pleine de sou-
« mission et de foi. Vous devez, comme vous le
« dites fort bien, prêcher avant tout d'exemple
« soit par une piété solide, soit par une vertu
« pratique. Soyez douce, indulgente avec sim-
« plicité et compâtissez aux faiblesses de ces
« âmes encore jeunes et timides ; mais soyez aussi
« prudente et même quelquefois un peu sévère,
« et ne craignez pas de les frapper au vif, en
« leur faisant reconnaître ce fonds originel de va-
« nité et de mollesse qu'elles portent toujours en
« elles.

« C'est bien d'exemple, écrivait-il aussi à une
« maîtresse des novices, que vous devez prêcher
« les jeunes personnes qui vous sont confiées.
« De toutes les leçons, il n'en est pas de plus
« éloquente. Mais à quelle régularité, à quelle

« surveillance sur vous-même, ne vous oblige
« pas ce devoir impérieux d'être, à l'exemple du
« grand apôtre, le modèle de celles que vous di-
« rigez. N'allez pas cependant pousser la chose
« jusqu'au scrupule et jusqu'à la contention. Vous
« entraveriez, vous raidiriez votre conscience, et
« vous nuiriez ainsi à la simplicité et à l'attrait
« de l'abandon qui seul peut ouvrir les cœurs, et
« vous gagner une confiance qui vous est avant
« tout si nécessaire. Songez, ma chère fille, que
« tout indigne que vous en êtes, c'est cependant
« sur vous que reposent le bonheur, l'existence
« et toute l'édification de la communauté. »

Les avis qu'il donne aux simples religieuses
sont comme autant de maximes de perfection dont
la connaissance ne peut être qu'utile aux fidèles
eux-mêmes, nous croyons qu'on nous saura gré
d'en avoir rapporté ici quelques-uns.

« Il n'y a que les âmes présomptueuses, dit-il,
« qui comptent leurs vertus par leurs années, et
« qui mesurent leurs progrès dans la perfection
« par le temps qu'elles ont eu pour y travailler.
« Quand Dieu mettra les longs jours de ces âmes
« également vaines et vides dans la lumière de sa
« face, elles verront, mais trop tard, que ce
« n'est pas le lieu saint qui fait les saints, ni les
« longs jours, mais les bons services qui méri-

« tent les récompenses. Alors tout ce qui faisait
« la matière de la confiance de ces âmes trom-
« pées sera celle de leur confusion et de leurs
« regrets.

« Même dans les maisons de Dieu, on peut se
« partager avec Dieu. On ne le regarde pas tout
« seul, on se regarde aussi soi-même, on se cher-
« che soi-même, on ne consent pas que la grâce
« donne à l'amour-propre le coup de la mort, et
« cette racine du vieil homme vivant toujours
« en nous, elle continue ses malheureuses pro-
« ductions, et rend inutiles toutes les prévenances
« de la miséricorde, tous les secours de la grâce
« et des sacrements !! »

Il voyait dans l'obéissance, la charité et l'humilité des moyens sûrs pour éviter le malheur
dont il vient de parler. Il lui semblait que des
âmes véritablement religieuses devaient, avant
tout, obéir, ouvrir à leurs supérieures comme à
leurs mères le fond de leur cœur, leurs peines et
leurs misères. « Conservez toujours, leur dit-il
« aussi, cet esprit d'union et de paix et ce prin-
« cipe d'une humilité sincère qui attireront sur
« vous toutes, des grâces d'autant plus abondan-
« tes, que vous vous en croirez plus indignes. La
« miséricorde de Dieu, si pleine de compassion,
« a, pour ainsi dire, besoin de nos misères,

« pour faire éclater en nous ses opérations d'une
« inépuisable charité. Ce n'est d'après saint Au-
« gustin, qu'en connaissant bien notre néant,
« qu'en aimant à le confesser et à nous y plonger
« que nous connaîtrons, que nous aimerons ce-
« lui qui s'est anéanti et s'est fait ver de terre
« pour triompher de notre incurable orgueil. »

Une personne qu'il avait préparée et admise à
la première communion dans les oratoires au milieu de la révolution, lui ayant rappelé cette circonstance un an avant qu'il mourût : « Votre let-
« tre, ma très-chère fille, lui répondit-il, m'a
« paru si touchante que je me sens pressé d'y ré-
« pondre avant toutes les autres. Quarante ans
« n'ont pu effacer ni dans vous ni dans moi le
« souvenir de l'époque de votre première com-
« munion. Quelles grâces, tout indigne que j'é-
« tais, Dieu n'a-t-il pas répandues sur mon minis-
« tère ! Comment s'est-il servi de ma boue pour
« vous dessiller les yeux et vous ouvrir tous les
« trésors de sa miséricorde ? Non, ma chère fille,
« n'oubliez jamais la lumière que vous avez reçue
« alors, ni cette voix que vous avez entendue, ni
« ce secours tout-puissant qui vous a soutenue
« au milieu de tous vos combats. Rappelez-vous
« bien aussi que ce n'est que par une conviction
« expérimentale de votre néant, et par une ten-

« dre et filiale confiance en Dieu que vous par-
« viendrez à conserver ce précieux trésor que,
« comme nous tous, vous portez dans un vase
« bien fragile. Demandons à Dieu de consommer
« le miracle de son amour, et plus nous appro-
« chons de la fin de notre carrière, plus nous
« devons lui demander cette sainte mort, le plus
« grand de tous les dons, puisqu'il met le com-
« ble à tous les autres. Adieu, ma très-chère
« fille ; que le lien de la charité nous unisse pour
« toujours. »

Madame Saint-Augustin, religieuse et maîtresse des novices à l'Hôtel-Dieu de Château-Thierry, ayant été obligée de se rendre à Paris pour se faire opérer d'un cancer affreux, dont elle était dévorée, M. l'abbé de la Loge qui avait pour elle une estime et une affection justement méritées, s'empressa de la fortifier contre les faiblesses que la nature pourrait ressentir pendant une si dangereuse opération. Il lui écrivit la lettre suivante qui nous paraît pleine des plus beaux sentiments que la foi puisse inspirer, pour faire supporter, non-seulement avec patience, mais encore avec joie, les douleurs les plus vives et les plus aiguës.

« Madame Adélaïde, Madame, me donne le
« fidèle détail qu'elle devait à mon vif et, j'ose
« le dire, à mon tendre intérêt. Elle me mande

« que vous avez assez bien supporté le voyage,
« et que vous êtes entre les mains de l'habile
« M. Dupuytren. Elle m'engage à vous écrire pour
« soutenir votre courage au milieu d'une épreuve
« aussi douloureuse. Si c'est un devoir bien pé-
« nible pour moi, il me fait cependant éprouver
« quelque consolation. Je parle à une âme pleine
« de foi, à une religieuse appelée dès son en-
« fance, à une épouse de Jésus-Christ crucifié,
« et, pour tout dire en un mot, à une fille du
« Calvaire. Ce sera donc ici le chef-d'œuvre de
« la grâce, cette excellente ouvrière, comme dit
« Bossuet ; c'est elle qui vous élèvera au-dessus
« des faiblesses de la nature, faiblesses que vous
« ressentirez sans doute, comme lui-même les a
« ressenties dans son jardin, mais qui ne feront
« qu'augmenter le prix de votre sacrifice, et dé-
« truire ce qui reste toujours en nous de bois sec
« et aride qui nous empêche de parvenir aux
« fruits de l'arbre de vie.

« Je ne vous répéterai donc pas ce que vous
« avez si souvent médité aux pieds de votre cru-
« cifix, que toutes les tribulations de la terre
« n'ont aucune proportion avec le poids immense
« de gloire que nous attendons dans le ciel ; et
« que si nous n'avons été sauvés que par les
« souffrances et la mort de l'Agneau que vous

« avez le droit et le désir de suivre partout ;
« c'est à cet Agneau que vous devez vous immo-
« ler, et vous abandonner tout à fait, afin qu'à
« la vie et à la mort il fasse de vous ce qu'il vou-
« dra, pourvu qu'il vous configure et vous con-
« forme à sa passion. Un mouvement de sa grâce,
« un son de sa voix vous fortifiera bien plus que les
« faibles paroles de son indigne ministre. Jetez-
« vous donc, mais sans aucune réserve, entre
« les bras de Jésus, et apprenez dans le chapi-
« tre de la *Voie royale de la Croix* que si sa vie
« toute entière n'a été qu'une croix et qu'un mar-
« tyre perpétuel, vous devez accepter non-seule-
« ment avec soumission, mais, oserai-je le dire,
« avec amour toute l'amertume de son calice.

« Notre bonne mère me recommande de prier
« pour vous : je l'ai fait du moment que j'en ai
« été instruit, et je ne cesserai de le faire ; mais
« vous aussi, Madame, donnez-moi quelque part
« aux mérites que vous allez acquérir : tout doit
« nous être commun dans cette charité qui nous
« unit depuis si longtemps. »

L'opération réussit au-delà de toute espérance ; M. l'abbé de la Loge s'empressa d'en féliciter
madame Saint-Augustin, et de la prémunir contre les dangers de la victoire qu'elle venait de
remporter sur elle-même, par la force extraordinaire qu'elle avait fait paraître.

« Je viens, Madame, de dire la messe d'ac-
« tion de grâces, et j'unis de tout mon cœur
« mes remerciements aux vôtres, pour tout le
« bien que le Seigneur vient de vous faire. Oui,
« c'est un bien et le plus précieux de tous que
« de partager le calice et de participer aux dou-
« leurs de Jésus-Christ. Vous avez compris, et
« ce qui vaut mieux encore, vous avez senti tout
« ce qu'il vous inspirait lui-même au milieu de ce
« combat légitime et de cette espèce de martyre
« dans lequel il vérifiait d'une manière si tou-
« chante ce qu'il promettait à son prophète : *Je*
« *serai avec elle dans la tribulation,* je l'arracherai
« à sa propre faiblesse, et la *glorifierai* par le cou-
« rage qui la fera triompher d'une pareille épreu-
« ve. *Mon Dieu, je vous demande pardon ;* c'est
« la seule plainte qui vous soit échappée pen-
« dant une heure de souffrances ! Que ce mot est
« admirable dans sa simplicité, dans son humi-
« lité et dans sa confiante soumission ? N'en dou-
« tez pas, Madame, il a retenti jusqu'au cœur de
« Dieu, et, fille aujourd'hui de la croix, vous
« pouvez en goûter le mystère, puisque vous avez
« marché dans cette voie royale et triomphé par
« ce bois sacré. Mais, oserais-je vous le dire
« avec tout l'intérêt que je prends à votre salut,
« prenez bien garde de profiter d'une pareille

« victoire et de blesser en rien la jalousie de cet
« époux qui, vous ayant admise au rang des
« vierges sages, exigera de vous une reconnais-
« sance bien plus vive, et une fidélité bien plus
« délicate.

« Dites bien des choses à la bonne Sainte-Claire;
« si elle n'a pas eu la même force que vous, j'es-
« père qu'elle tirera un grand profit d'un pareil
« exemple.

« Adieu, Madame, disons donc avec l'Apôtre,
« *Ce n'est pas moi, c'est Jésus-Christ crucifié*
« *qui vit en moi.* Vous ne pouvez être ingrate,
« vous me devez donc un juste retour de prières. »

Vers la fin du mois d'octobre de 1836, la santé
de M. l'abbé de la Loge se dérangea tout à coup.
On vit en lui bien des symptômes d'une dissolu-
tion qui ne pouvait malheureusement plus tar-
der longtemps à s'opérer. Il fut obligé de garder
une diète assez sévère. La faiblesse de ses jambes
ne lui permit presque plus de sortir de chez lui.
Il se vit forcé d'interrompre l'heureuse habitude
contractée depuis tant d'années, d'assister aux
saints offices à la cathédrale les jours de dimanches et de fêtes, et de les présider à son tour.
Cette privation fut une des plus sensibles qu'il
ait eues à soutenir pendant plus d'un an qu'il vécut encore. Il en est une autre qu'on lui conseilla

bien des fois, mais en vain, de s'imposer : c'était celle de ne pas offrir le saint sacrifice de la messe à certains jours où ses douleurs plus aiguës, et la rigueur de la saison semblaient lui rendre cette action impossible. Il grondait agréablement ceux qui, par affection et par intérêt pour lui, lui donnaient ce conseil, et leur demandait de quel droit ils voulaient lui interdire le plus grand de tous les avantages dont il pût jouir sur la terre. Sa foi lui faisait dire que c'était même au saint autel qu'il trouvait chaque jour, non-seulement la nourriture et la force de son âme, mais aussi le soutien de son corps. Aussi tenait-il à se rendre chaque matin dans la chapelle des Frères des écoles chrétiennes, peu éloignée de sa maison, pour célébrer la messe, quoique souvent, pendant l'hiver, la pluie, la neige ou le verglas l'exposassent à faire quelque chûte qui serait devenue facilement mortelle. Comme un généreux soldat de Jésus-Chrit, il disait qu'il voulait mourir les armes à la main. Il ne voulut donc pas interrompre, quelque infirme qu'il fût, l'exercice de ses fonctions de vicaire général, de trésorier du séminaire et sa correspondance administrative jusqu'à la fin de sa vie. Il continuait aussi de diriger quelques personnes pieuses qui, depuis longtemps s'étaient mises sous sa conduite. Depuis plus de quarante ans il avait pris un soin particulier de faire souffrir, et l'on peut dire, de crucifier sa chair. La sainte rigueur qu'il savait exercer contre son corps, sembla s'accroître encore les deux dernières années de sa vie, nous savons que, jusqu'au jour où il fut saisi de la fièvre qui le conduisit au tombeau quelques semaines après, il pratiquait en son particulier des mortifications qui arrachaient souvent des larmes à la seule personne qu'il ne pouvait empêcher d'en être le témoin.

On a dit quelquefois que M. l'abbé de la Loge avait refusé l'épiscopat dans le cours de sa vie. Nous avons fait d'inutiles recherches pour nous assurer de la vérité d'un fait qui serait si honorable pour lui. Ce dont nous sommes certain, c'est que son humilité l'a toujours porté à se croire bien inférieur au mérite que suppose une pareille dignité. Il disait qu'étant si relevée, elle convenait à peu de personnes ; elle était à ses yeux un fardeau si pesant, qu'il pensait qu'on ne devait point la souhaiter à ses amis. Nous lui avons souvent entendu développer les idées les plus belles et les plus hautes qu'on puisse avoir sur le caractère et la dignité des évêques. Ils étaient, à ses yeux, pères et chefs de leur clergé en particulier. Il en concluait que rien ne devait égaler la dépendance,

le respect, l'obéissance filiale des ecclésiastiques
pour leur évêque. Il redoutait comme un des plus
grands dangers pour l'Eglise, l'altération de ces
dispositions et de ces sentiments si légitimes. Lorsque quelque fait particulier lui laissait apercevoir
la réalisation de ses craintes à cet égard, il en
paraissait vivement affligé. « A mon âge de plus
« de quatre-vingt-quatre ans, nous disait-il, je
« suis plus soumis, plus simplement obéissant à
« mon évêque, que plusieurs jeunes ecclésias-
« tiques. »

L'affection de M. l'abbé de la Loge pour tous
les membres du clergé du diocèse de Soissons
semblait s'accroître encore davantage à mesure
qu'il approchait de sa fin. Les liens qui l'unissaient
à eux, semblaient se fortifier d'autant plus qu'ils
étaient plus près de se rompre. Jamais il n'avait
perdu une occasion de leur donner des marques
de son vif intérêt. Aussi indulgent pour les autres
que sévère pour lui-même : « Il faut faire le bien,
« disait-il, à ceux même dont je pourrais avoir
« à me plaindre. » Mais les occasions d'agir ainsi
étaient heureusement fort rares pour lui. On peut
dire avec vérité que le retour dont tous les prêtres du diocèse payaient les sentiments paternels
de M. de la Loge, à leur égard, étaient une pleine
confiance, une affection aussi vive qu'elle était

sincère. Ils se faisaient un bonheur de le visiter, ou de lui écrire chaque fois que l'occasion s'en offrait à eux.

Quelque sainte que fût la vie que menait depuis si longtemps M. l'abbé de la Loge, il n'avait pas toujours goûté ces consolations intérieures de la piété qui dédommagent si bien des sacrifices que l'on s'impose pour s'y exercer. Un grand nombre de fois, on l'a entendu emprunter le langage du roi prophète pour exprimer les sécheresses ou l'abattement de son âme. Ces épreuves n'avaient du reste d'autre effet que de le rendre plus vigilant et plus généreux dans tout ce qui regardait le service de Dieu. Elles devinrent plus fréquentes encore la dernière année de sa vie. Il semble que Dieu, avant de la récompenser, ait voulu éprouver et épurer sa vertu par le creuset des tribulations spirituelles, en faisant passer sur le cœur et sur l'esprit de ce fidèle serviteur, toutes les terreurs de sa justice.

En effet, le jugement de Dieu si redoutable aux yeux de la foi, se présentait souvent à lui, avec les circonstances les plus propres à troubler son âme. Il se voyait comme écrasé d'avance par le poids de la responsabilité qui pesait sur lui ; et la mort dont il parlait souvent, ne lui inspirait d'autre crainte que celle du compte terrible qu'il lui faudrait rendre immédiatement après au souverain juge. Il repassait dans son esprit et quelquefois dans ses entretiens intimes, toutes les années de sa vie. Il racontait par humilité et pour demander conseil et consolation les fautes qu'il était le plus fâché d'avoir faites. Il disait que leur vue lui inspirait moins de défiance et de tristesse que celle des grâces si abondantes qu'il avait reçues et dont il craignait d'avoir abusé. Il ne voyait dans ses justices même, qu'un triste mélange de la grâce avec la nature et l'amour-propre, qui les gâtait à ses propres yeux. On s'est vu plusieurs fois obligé de lui rappeler qu'il ne fallait pas creuser si avant dans cet abîme ; que la défiance était elle-même un défaut qui déplaisait à Dieu, et contre lequel il avait cherché souvent à prémunir les âmes qu'il avait été chargé de conduire. On lui rappelait aussi avec succès que Notre Seigneur Jésus - Christ avait bien voulu éprouver aussi le dégoût, la frayeur et la tristesse dans le jardin des Oliviers. Cette dernière pensée consolait beaucoup ce bon vieillard, qui répétait souvent en cet état ces paroles de l'Imitation : « Seigneur, je suis dans votre main, tournez-moi et retournez-moi en tous sens. Que vouloir et ne pas vouloir me soit commun avec vous. A la vie, à la mort, que je ne veuille que votre volonté sainte ! »

Dans les premiers jours du mois d'août 1837, le clergé du diocèse s'étant réuni au séminaire, pour y assister à une retraite pastorale, M. l'abbé de la Loge s'y rendit aussi, et ne contribua pas peu à l'édification générale par le courage avec lequel il se faisait conduire pour entendre les instructions. Il ne quitta plus depuis, cette maison où il se félicitait de trouver l'avantage inappréciable de pouvoir, sans presque sortir de chez lui, aller répandre son âme aux pieds du très-saint Sacrement ; et sans dérangement comme sans fatigue pour son grand âge, offrir chaque jour le saint sacrifice de la messe.

Dans le courant du mois d'octobre, Dieu ménagea encore à sa piété une autre consolation, ce fut celle de voir et d'entretenir en liberté un prêtre respectable par son âge et ses vertus autant que par ses talents, M. l'abbé B. directeur du séminaire Saint-Sulpice, venu à Soissons pour donner les exercices spirituels aux élèves du grand séminaire. Il voulut aller entendre la plupart de ses discours, et se préparait ainsi prochainement sans s'en douter, à sa mort qui arriva trois semaines après.

En effet, dans les derniers jours du mois d'octobre, M. l'abbé de la Loge fut saisi d'une fièvre peu violente en apparence, mais qui donna bientôt des inquiétudes sérieuses, à raison de l'état de faiblesse extrême où se trouvait le vénérable malade. Il n'en continua pas moins de célébrer encore pendant plusieurs jours le saint sacrifice de la messe, dont il ne s'abstint que quand il s'aperçut que, les forces lui manquant tout à fait, il ne pouvait plus monter à l'autel sans s'exposer à quelque danger que la prudence l'obligeait de prévenir. Depuis, il se faisait conduire à la chapelle, tant qu'il put marcher, pour avoir le bonheur d'assister à la messe et d'y communier. Quand il ne fut plus capable de sortir de sa chambre, il se fit apporter la sainte communion qu'il recevait dans son lit, lorsque la force de son mal ne lui avait pas fait interrompre le jeûne pendant la nuit. Il s'occupait encore des soins de l'administration dont il était chargé, au point que quelques jours avant qu'il mourut, un prêtre du diocèse, à qui on apprenait l'extrémité à laquelle il se trouvait réduit, ne voulait point y croire, parce qu'il venait de recevoir de lui, disait-il, une lettre qui supposait, dans celui qui l'avait dictée, un état de santé parfaite. Il reçut aussi, ou entendit en confession plusieurs personnes qu'il dirigeait depuis longtemps. Mais c'était de la piété, de l'union à Dieu, de saintes méditations qu'il s'occupait principalement. Il aimait à s'entrete-

nir de choses spirituelles avec ceux qui le visi-
taient. Il paraphrasait de belles hymnes, en particulier celles qui expriment l'espérance des
biens éternels que Dieu promet à ses élus, et
quelques parties des offices de l'Eglise. Il parlait
de la foi, des avantages précieux d'une vie dont
la foi serait l'unique principe. « *Le juste vit de*
« *la foi; justus ex fide vivit.* Les belles paroles
« de l'apôtre, disait-il, qu'elles sont profondes !
« Oh ! si nous savions les bien méditer, les bien
« comprendre ! » Il ne se dissimulait pas la gravité de son état. « Il ne faut pas que je m'abuse,
« nous disait-il, je m'en vais ; mais, ajoutait-t-il
« avec saint Paul, *Jésus-Christ est ma vie, et la*
« *mort est un gain pour moi.* » Il s'entretenait
volontiers des dispositions de saint Martin au
moment de mourir ; il admirait cet excès de charité qui lui avait fait dire, lorsque déjà il voyait
le ciel ouvert pour le recevoir. *Seigneur, si je*
suis encore nécessaire à votre peuple, je ne refuse
pas le travail ; et il était facile de voir que ces
sentiments du saint évêque de Tours, se trouvaient aussi dans son cœur. Insensiblement il se
détachait lui-même de la terre qu'il devait bientôt quitter. Il refusa de recevoir plusieurs personnes qu'il aimait auparavant à voir et à entretenir, parce qu'il ne voulait plus vivre que pour

Dieu seul. Cependant M. le comte et madame la comtesse de M., ses neveu et nièce, étant venus le visiter au nom de sa famille qu'on avait avertie du danger où il se trouvait réduit, leur présence réveilla tous ses sentiments de tendresse pour ses parents. Il nous dit, le jour de leur arrivée, combien cette visite inattendue lui avait été agréable. Il récitait chaque jour son bréviaire, et quand il n'eut plus la force de le faire, il priait quelqu'un des prêtres directeurs du séminaire de le réciter tout haut auprès de lui, afin que son cœur pût au moins offrir à Dieu le tribut de louanges que sa bouche ne pouvait plus prononcer. Lorsque ses douleurs étaient plus aiguës; *Seigneur,* disait-il, *ici brûlez, coupez, pourvu que vous m'épargniez pendant l'éternité.* Il demandait aussi aux personnes qui l'approchaient, qu'elles voulussent bien prier pour lui, et obtenir de Dieu, surtout la patience et la résignation dont il avait besoin.

Le 12 novembre il eut à faire un sacrifice auquel il fut bien sensible : il reçut la dernière visite et les derniers adieux d'un évêque qu'il vénérait aussi profondément depuis douze ans qu'il l'aimait tendrement, et dont il avait tant de fois admiré et fait admirer à ceux qui l'approchoient la douceur, l'inépuisable charité et les autres vertus. Monseigneur de Simony fut obligé d'entreprendre un long voyage qu'il ne dépendait pas de lui de remettre à une autre époque. La dernière fois que ce prélat vit son vénérable grand vicaire, on remarqua que le pressentiment de la perte qu'il allait faire d'un homme si précieux avait fait couler ses larmes.

Le lundi 13, l'état de M. l'abbé de la Loge ayant empiré, on lui proposa de recevoir l'Extrême-Onction et le saint Viatique. Quoiqu'il ne se crût pas encore si voisin de sa fin, il se montra prêt à tout, lorsqu'on lui en eut fait la proposition. Il s'était déjà confessé plusieurs fois depuis le commencement de sa maladie ; il se recueillit profondément et ne songea plus qu'au bonheur de recevoir bientôt la visite de Jésus - Christ lui-même, caché dans le sacrement de la divine Eucharistie. M. l'abbé de B., vicaire général et doyen du chapitre, qui, depuis plus de trente-cinq ans, avait partagé ses travaux, et lui avait été uni par une amitié que jamais aucun nuage n'avait altérée, voulut, quoique souffrant, administrer lui-même les derniers sacrements à son vénérable confrère, en présence du chapitre de l'église cathédrale, du clergé de la paroisse, de MM. les directeurs et d'une partie des élèves du grand séminaire. Il suivit, avec une présence d'esprit remarquable, les cérémonies si touchantes

prescrites par l'Eglîse pour l'administration du sacrement de l'Extrême - Onction , répondant lui-
même aux différentes prières qu'on faisait pour
lui. Avant qu'on lui donnât la sainte communion,
conformément au rituel, il récita à voix intelligible,
le Symbole des apôtres, pour faire une dernière
profession solennelle de cette foi qu'il avait toujours conservée pure et intacte , et dont il avait
été autrefois le généreux confesseur. Il récita
également le *Te Deum* en action de grâces pour
tant de bienfaits dont Dieu l'avait comblé pendant le cours de sa longue vie , et, après avoir
dit en finissant : *Seigneur, j'ai espéré en vous, je
ne serai pas confondu éternellement,* il reçut pour
la dernière fois le corps et le sang de Jésus-Christ,
qu'il avait si tendrement aimé et si fidèlement
servi. Cette scène touchante ne s'effacera pas de
longtemps de l'esprit des assistants, dont plusieurs n'ont pu retenir leurs larmes , à la vue de
la foi et de la piété de ce saint prêtre mourant.
Pour lui, après avoir récité avec dévotion les
prières de l'action de grâces , il trouva encore
des forces et des paroles pour remercier ses con-
frères réunis autour de lui , et leur faire ses derniers adieux.

Le mardi 14, le mal avait pris des accroissements rapides. Les forces de M. l'abbé de la Loge

déclinaient sensiblement; tout avertissait que sa
fin était prochaine. Un prêtre qui venait de réciter le saint office auprès de lui, lui ayant deman-
dé s'il avait l'esprit tranquille et le cœur en paix;
si rien ne lui faisait peine? « Rien ne me trouble,
« répondit-il, je demande à Dieu de me conduire
« jusqu'à la fin par une voie de privations et de
« souffrances, et je lui dis, avec le prophète :
« *Vous me nourrirez, mon Dieu, du pain des lar-*
« *mes, vous m'abreuverez du calice des pleurs,* je
« ne me tiens en garde que contre un excès de
« consolation. »

La nuit suivante fut très-mauvaise ; le vénérable malade eut à souffrir les douleurs les plus
vives ; ce n'est que vers trois heures du matin
qu'il retrouva un peu de calme, en se faisant lire
quelques chapitres de l'Imitation de Jésus-Christ.
« En entendant de si belles choses, disait-il, on
« oublie les douleurs les plus aiguës. » Puis il
tomba dans une espèce de délire qui dura près
de quatre heures.

Le mercredi, à neuf heures du matin, il eut
une faiblesse si grande qu'on crut que sa dernière
heure était venue. Il revint à lui, cependant, mais
tout faisait craindre qu'il ne vit pas la fin du jour.
Il recouvra plus de calme et de tranquillité dans
l'après-midi. A l'entrée de la nuit, qui fut tout à

la fois la dernière et la plus belle de sa vie, voyant
dans sa chambre un des prêtres directeurs du séminaire, qu'il avait depuis plus de seize ans pré-
venu d'une affection particulière, qui ne l'avait
jamais regardé que comme un père, et à qui lui-
même avait bien voulu donner souvent le nom
d'ami ; il l'appela auprès de son lit, lui donna des
marques et lui adressa des paroles de bonté et
de tendresse dont le souvenir ne s'effacera jamais
de son cœur. Entre neuf et dix heures du soir il
lui demanda si, comme il l'en avait prié ce jour-
là même, il avait écrit à Passy pour préparer ses
parents à la nouvelle qu'il aurait bientôt à leur
apprendre. — Oui, Monsieur, j'ai écrit ce soir,
je le ferai encore demain, et me chargerais volontiers de transmettre ce que vous auriez à faire
dire. — *Je me repose de tout sur vous,* répliqua-t-il,
soyez l'interprète de mes sentiments auprès d'eux. Il
le pria ensuite de lui lire plusieurs chapitres de l'I-
mitation, qu'il écouta avec une attention soutenue.
Lorsque de temps en temps on s'arrêtait pour ne
pas le fatiguer, il faisait continuer, disant qu'il ne
se lassait pas de suivre. Peu après, sur le désir
qu'il en avait exprimé, on lui récita la préparation immédiate à la mort, tirée des opuscules
de Bossuet ; il parut entrer dans les sentiments
admirables de foi, de confiance, d'amour et

d'abandon entre les mains de Dieu, qu'elle renferme. A une heure et demie du matin, il voulut qu'on lui lut encore de l'Imitation. On chercha pour les lui lire, les passages qui étaient les plus conformes à sa position, dans les chapitres qu'on savait lui plaire davantage. Quelques minutes après, il demanda Quelle heure est-il? — Monsieur il est deux heures, — *Eh bien !* reprit-il, *pensons à Dieu !* On lui suggéra aussitôt quelques pieux sentiments qui convenaient davantage à son état, et on lui présenta son crucifix qu'il baisa amoureusement. Depuis ce moment, il parut tout absorbé en Dieu ; à peine prononça-t-il quelques paroles intelligibles. On lui lut encore vers trois heures, quelques passages de l'Imitation, qu'il parut ne suivre que difficilement. Enfin, vers quatre heures et demie, sans aucune agonie, il rendit à Dieu sa belle âme, et est allé, nous en avons la confiance, recevoir au ciel la récompense de ses longs travaux et de ses hautes vertus. Il était âgé de 85 ans moins treize jours.

La cérémonie de ses funérailles se fit le lendemain, avec toute la pompe et la solennité que l'Eglise sait déployer pour honorer ceux de ses ministres qui ont le mieux mérité d'elle. Plus de cent trente ecclésiastiques, y compris ceux du séminaire, se trouvaient réunis auprès des restes précieux de celui que, pendant sa vie, ils avaient environné de tant d'amour et de respect.

La nouvelle de cette mort se répandit avec rapidité dans tout le diocèse et y produisit une pénible sensation. On y donna partout des marques non équivoques de regrets justement mérités. Dans plusieurs cantons des archidiaconés de Soissons et de Château-Thierry, MM. les curés se réunirent spontanément et célébrèrent un service solennel, pour soulager, si elle avait besoin de l'être, l'âme du vénérable grand vicaire qu'ils avaient eu la douleur de perdre. Dans quelques-unes de ces pieuses réunions, on traça avec autant de talent que de sentiment, le tableau abrégé de ses travaux et de ses vertus. On y fit des vœux sincères pour que le souvenir de ce véritable père du clergé, devînt dans le diocèse de Soissons, une semence féconde de ministres aussi pieux, aussi éclairés et aussi laborieux que lui.

La famille de M. l'abbé de la Loge ressentit vivement le coup dont Dieu venait de la frapper en lui enlevant une personne si chère. Elle ne se consola de cette perte douloureuse que par la pensée qu'elle avait désormais dans le ciel un intercesseur de plus.

Puissions-nous, par le récit simple et fidèle

que nous venons de faire d'une si belle vie et d'une si sainte mort, avoir répandu au loin la bonne odeur de Jésus-Christ, que M. l'abbé de la Loge répandait pendant sa vie sur tous ceux qui l'approchaient! Puissions-nous avoir contribué à la gloire d'un *juste*, qui ne cherchait ici-bas qu'à s'abîmer et à s'ensevelir dans ce qu'il appelait son néant! Puissions-nous aussi avoir offert à chacun de nos frères dans le sacerdoce et aux simples fidèles, un modèle dont l'imitation deviendrait pour eux une source abondante de mérites, de paix et de bonheur! Et daigne M. l'abbé de la Loge, du séjour de la gloire où nous aimons à le croire arrivé, agréer ce dernier hommage de notre piété filiale!!!!

FIN.

SOISSONS. — IMPRIMERIE DE EM. FOSSÉ DARCOSSE, IMPRIMEUR DE L'ÉVÊCHÉ, RUE DES RATS, N° 10.

www.ingramcontent.com/pod-product-compliance
Lightning Source LLC
Chambersburg PA
CBHW071324030726
47594CB00002B/529